Raus aus dem Frust-Job!

In 6 Schritten beruflich Sinn finden

Oliver Fritsch | Michaela Lang

Raus aus dem Frust-Job!

In 6 Schritten beruflich Sinn finden

Entwickle deine Persönlichkeit, entfalte deine Stärken, verwirkliche dich selbst und werde glücklich im Job!

Überarbeitete Auflage von dem Buch
„Alles Anders - Erkennen Sie Ihre wahre Berufung und werden Sie glücklich"
(mvg Verlag, 2014)

Copyright © Denkzeuge GmbH: Oliver Fritsch | Michaela Lang

Alle Rechte, insbesondere das Recht der Vervielfältigung und Verbreitung sowie der Übersetzung, vorbehalten. Kein Teil des Werkes darf in irgendeiner Form ohne schriftliche Genehmigung der Autoren reproduziert oder unter Verwendung elektronischer Systeme gespeichert, verarbeitet, vervielfältigt oder verbreitet werden.

Denkzeuge® ist ein eingetragenes Markenzeichen der Denkzeuge GmbH und im Buchtext zur besseren Lesbarkeit ohne ® dargestellt.

Umschlaggestaltung: Michaela Lang | Maximilian Bezold

ISBN:

Weitere Informationen zu Denkzeuge® findest du unter
https://denkzeuge.com

Für Marina, Chiara, Michelle, Maxi und Felix ♡

Danksagung

Wir möchten uns bei dir bedanken, dass du unser Buch gekauft hast. Nur mit dir als Leser lebt unser Buch und können wir an dem arbeiten, was wir lieben. Wenn dir das Buch gefällt, freuen wir uns, wenn du uns weiterempfiehlst oder es weiter verschenkst.

Außerdem danken wir unseren Eltern Heinz und Margit und Eckart und Josefine, die sich unsere verrückten Ideen stets geduldig anhörten, immer an uns glaubten und uns ermutigten.

Am meisten aber danken wir unseren Kindern Marina, Chiara, Michelle, Felix und Maxi, die alle auf ihrem Weg der Studien- und Jobwahl geduldig durch unser Programm gingen und uns mit konstruktiven Feedbacks sehr dabei halfen, dieses Buch immer besser werden zu lassen. Sie machen uns jeden Tag stolz, weil sie so sind wie sie sind und tun, was sie tun!

Oliver & Michaela

Stimmen zum Buch

Das Bearbeiten der Übungen im Buch hat mir viel Spaß gemacht, und gleichzeitig bin ich zu meiner inneren Kraft vorgedrungen. Das hat so viel Leichtigkeit in mein Leben gebracht, und es gelingt mir besser, Entscheidung zu treffen, weil ich ganz schnell herausfinden kann, was mir wirklich entspricht. Ich sehe meine persönliche Vision klar und deutlich vor mir. Es ist, als würden sich plötzlich viele Türen öffnen. Die wichtigste Entdeckung für mich war, dass ich herausgefunden habe, wie viel ich in meinem Leben schon richtig gut gemacht habe. Das hat mir sehr gutgetan, mein Vertrauen in meine Intuition ist stärker geworden, auch mein Selbstwertgefühl, und ich kann mich besser abgrenzen und für meine Wünsche einstehen.
Jenny Schmidt-Salz

Ich habe schon einige Ratgeber und Selbsthilfe-Bücher zum Thema Lebensstrategie und persönliche Entwicklung gelesen. Das Buch ist tatsächlich anders! Es ist sehr praktisch und hilft durch gezielte Fragen zum Kern der Sache, bzw. der Person, sich selbst, vorzudringen. Ich kann es nur empfehlen, auf diese Reise zu gehen - ist spannend und macht Spaß!
Dagmar Eisenbach

Das Buch hält mehr als es überhaupt verspricht. Ich habe dieses Buch vor über einem Jahr durch Zufall entdeckt und voller Begeisterung in wenigen Tagen durchgearbeitet. Dass sich seither vieles in meinem Leben (und auch in dem meines Umfeldes) positiv verändert hat, war mir absolut bewusst. Aber wie vieles, wie sehr und wie stark das genau mit dem verbunden war, was ich mir damals notiert und vorgenommen hatte, wurde mir erst klar, als ich es genau 12 Monate später zum zweiten Mal durchgegangen bin.
Marion Zeindl

Ich orientiere mich mit meiner Selbstständigkeit gerade neu. Dieses Buch gibt mir einen tollen Input, zu dem was ich möchte und brauche. Absolut empfehlenswert.
Birgit Hauser

Ich habe zwar schon vor dem Buch meine Berufung in meinem Job gefunden, war aber dennoch sehr unzufrieden, weshalb ich meinen Beruf und alle Lebensumstände, die ich deswegen eingegangen bin, negativ hinterfragt habe.

Die beiden Autoren haben mir mit ihrem Buch dabei geholfen mich von außen selbst zu betrachten und mir kritische Fragen zu stellen. Diese Fragen und Antworten, die ich mir selbst geben musste, brachten mich zum Schlucken, Nachdenken und Grübeln. Ich habe mich endlich mit mir selbst auseinandergesetzt und Dinge hinterfragt, die ich als selbstverständlich fand. Das Buch hat mir geholfen Eigenschaften an mir, die ich als durchweg positiv fand und stolz war, dass ich überdurchschnittliche Werte darin aufweisen konnte (Bsp.: Ehrgeiz, Perfektionismus), runterzufahren, um mir selbst wieder zu genügen. Vorher war ich mit nichts zufrieden, was ich beruflich oder privat zustande brachte. An allem hatte ich etwas auszusetzen, was mich immer weiter nach unten gezogen hat. Es dauert ein bisschen, aber ich bin dank des Buches und der beiden Autoren einen großen Schritt in die richtige Richtung gegangen und werde den auch weitergehen.

Tobias Lauenroth

Die eigene "Berufung" zu finden und zu leben ist sicherlich mit eine der größten Herausforderungen im Leben. Mit dem Buch "Alles Anders" geben die Autoren dem Leser tolle Tools und Denkanreize mit an die Hand, die einem helfen, den Weg zur Selbstfindung einzuschlagen. Das besondere und einzigartige an diesem Buch ist, dass die Autoren dem Leser nicht "ihre Meinung aufdrängen. Vielmehr hatte ich das Gefühl, mich mit diesem Buch selbst zu therapieren. Das Buch ist wie ein Arbeitsbuch, in dem die Autoren einen durch verschiedene Übungen und kluge, teilweise provokative (aber ehrliche) Fragen geleiten. Die Aufgabe an einen selbst ist es, vollkommen ehrlich bei der Beantwortung zu sein. Durch Hilfestellungen bei der Beantwortung kommt man immer wieder zur Selbsterkenntnis. Und das ist eben der Grund, warum das Buch so wertvoll ist. Durch wahre Erkenntnisse und Verinnerlichung motiviert man sich selbst zur großen Veränderung. Mir hat das Buch extrem geholfen und ich bin stark motiviert, nun meinen Weg einzuschlagen.

Nochmals - ein großes Lob an Herrn Fritsch und Frau Lang und eine klare Kaufempfehlung!

Rebecca S.

Inhalt

Einleitung 1
   Vorwort 2
   Was dir dieses Buch bringt 3
      Übernimm Verantwortung für dich selbst 4
      Wessen Leben hast du bis jetzt gelebt? 5
      Der Gesundheit zuliebe nicht länger warten 6
   Workshop Übersicht 9
   Warum wir diesen Workshop entwickelt haben 10
   Wann du auf deinen Traumjob umsteigen kannst 11
   Empfehlungen zur Bearbeitung 12
      Reflexion und Lernprozess 12
      Die therapeutische Wirkung des Schreibens 13
      Schreiben von Hand statt mit dem Computer 14
      Denken contra Fühlen: Wie du die Fragen beantworten solltest 16
      Die richtige Stimmung 17
      Die richtige Umgebung 17
      Nimm dir Zeit und hab Geduld mit dir 17
      Hinweise zu deinem eigenen Schutz 18
      Zusammenfassung - zehn Empfehlungen für das Schreiben 19
   Deine Vereinbarung mit dir selbst 21
   Deine Ausgangslage 22

Der 6-Schritte-Workshop 27

Wo stehe ich? 27
   Aufschlussreiche Fragen 28
   Meine aktuelle berufliche Zufriedenheit 32
      Welche Stufe der Bedürfnispyramide hast du schon erreicht? 38

    Das hat mir bereits geholfen 40

Was bringe ich mit? 43

    Meine Fähigkeiten, Stärken & Talente 44

    Noch mehr Stärken 49

        Wie andere dich stärken 50

        Deine Stärken unter starkem Stress 51

        Deine Stärken bei fundamentalen Entscheidungen 52

    Meine Stärkenbilanz 53

Was ruft in mir? 57

    Wie ich mich selbst sehe 58

    Meine inneren Motive & Antriebskräfte 61

    Zugang zu meinem Innersten 71

        Das Floß des Lebens 71

        Zugang über das, was du „natürlich" lebst 72

        Zugang über Menschen und Gruppen 72

        Zugang über Tagträume 73

        Zugang über fundamentale Entscheidungen 74

        Zugang über die Highlights in deinem Leben 75

        Zugang über den Neid 76

        Zugang über die „Aufschieberitis" 77

    Groß denken 78

    Mein Lebensweg 82

    Das Berufungsmodell 88

Wo will ich hin? 93

    Wie ich arbeiten will 94

    Option Selbstständigkeit 99

        Nimm deine Motivation unter die Lupe 100

        Beziehe die Motive von Partner und Familie ein 101

        Lieber Selbstständiger oder Unternehmer? 102

Produkt-Markt-Kunde 103

Produkt: Was genau willst du anbieten? 103

Markt & Kunde: Gibt es einen Markt für dein Angebot? 104

Verzettle dich nicht 105

Behalte deine Finanzen im Blick 106

Meine Visionsaussage 108

Was hindert mich noch? 115

Äußere Hindernisse beseitigen 116

Zeitmangel - wo läuft meine Zeit hin? 117

Die Verbindung zwischen Zeit und Gesundheit 119

Geldnöte - das liebe Geld 122

Zu große Fremdbestimmung - wären da nicht die anderen 129

Löse dich aus deinen Abhängigkeiten 138

Innere Hindernisse beseitigen 144

Zu geringes Selbstwertgefühl - die Selbstbild-Waage 144

Kontrolliere deine Selbstgespräche 147

Positives Selbstbild durch Einklang von Herz und Verstand 150

Blockaden und Grenzen, die durch die inneren Motive 157

So erweiterst du deine Grenzen richtig 159

Innere Konflikte lösen 163

Wie komme ich hin? 167

Langzeit-Aktionsplan 168

Mein 24-Stunden-Vorsatz 180

Zum Schluss 184

Dein persönliches Paradies 185

Unsere Story 187

Literaturverzeichnis 191

Über die Autoren 193

Mehr Denkzeuge® 195

Einleitung

Vorwort

Als im September 2003 die Erstauflage von meinem Buch „Alles anders" im mvg Verlag erschien, hatte ich keine Ahnung, dass ich bereits vier Monate später kreuz und quer durch Deutschland und die Schweiz reisen würde, um mit Workshop-Teilnehmer:innen provozierende Fragen und persönliche Veränderungsstrategien zu diskutieren.

Der Erfolg des „Alles anders"-Buches beweist, dass bei der Sinnsuche das Thema „Zufriedenheit im Job" damals wie heute einen Nerv trifft, und die Leser:innen eine gemeinsame Motivation haben: Sie wollen oder müssen sich verändern, um in ihrem derzeitigen Jobdasein nicht kaputt zu gehen.

Egal, ob du einer von vier Beschäftigten bist, der laut Gallup Engagement Index bereits innerlich gekündigt hat, du nahe an der Erschöpfungsgrenze arbeitest oder nur Dienst nach Vorschrift machst: Das Leben ist nicht nur zu kurz, um schlechten Wein zu trinken, sondern auch zu kurz, um den Großteil deiner Zeit unglücklich im falschen Job zu verbringen.

Auch bei mir hat sich seit 2003 viel getan und mein eigenes Buch hat mir gleich in zweierlei Hinsicht weitergeholfen. Zum einen habe ich meinen Traum anhand meiner damals abgedruckten Visionsaussage realisiert und bin 2010 nach Deutschland zurückgekehrt, um den Menschen, die sich eine Veränderung wünschen, näher zu sein. Zum anderen hat mich wunderbarerweise eine Amazon-Rezension einer Leserin zu meiner beruflichen und privaten Traumpartnerin Michaela Lang geführt, mit der ich nun seit 2009 gemeinsam Denkzeuge zum Weiterkommen entwickle, unsere Firma gegründet habe und die beiden Neuauflagen 2014 und 2024 geschrieben habe.

Danke, dass du unser Buch gekauft hast. Wir wünschen dir viel Freude und Erfolg bei deiner beruflichen (Neu-)Orientierung und Visionsentwicklung. Und denke immer daran: eingraben und auf bessere Zeiten warten hilft nicht weiter!

Oliver Fritsch & Michaela Lang | info@denkzeuge.com

Was dir dieses Buch bringt

Dieses Buch ist kein klassisches Ratgeberbuch mit überstülpenden Ratschlägen. Es beinhaltet vielmehr einen kompletten Berufungs- und Karriere-*Workshop*, der dich mit reflexiven Denkzeuge® (=Werkzeugen zum Denken), 44 Übungen und provozierenden Fragen aus der zermürbenden Unzufriedenheit reißt, in dir steckende Antworten hervorholt und dich auf einen *beruflichen* Pfad bringt, der zu *dir* passt. Dazu begleiten wir dich in bislang unbekannte Tiefen deines Ichs, helfen dir, deinen inneren Ruf wahrzunehmen und ihn in eine Tätigkeit umzusetzen, die dich glücklich macht.

Du kannst die Fragen direkt hier im Buch beantworten. Wir würden dir jedoch empfehlen, dass du dir unser ergänzendes DinA4-Workbook herunterlädst und ausdruckst. Darin sind alle Übungen mit den Fragen noch mal zusammengeführt und es ist genügend Platz vorhanden zum Beantworten der Fragen. Das Workbook (PDF) kannst du hier kostenfrei herunterladen:

Gratis Workbook (PDF) zum Buch:
Code einscannen oder folgende Webadresse in deinem Webbrowser eingeben:

https://denkzeuge.com/buch-bonus-paket-aa/

Du wirst in diesem Buch Zugang zu vielen Denkzeugen, die wir über die Jahre entwickelt haben, bekommen und dabei unter anderem:

- deine inneren Antriebskräfte aufdecken,
- dein einzigartiges Stärkenpaket erkennen,
- einen langfristigen Zukunftsfokus, eine Richtung und einen Sinn entwickeln,
- Hürden beseitigen und den Mut finden, dich zu entscheiden,
- einen umsetzbaren Schritt-für-Schritt-Aktionsplan erarbeiten.

Es wird dir damit in Zukunft leichtfallen:

- neue Wege zu finden, wenn du stecken bleibst,
- dich kontinuierlich selbst zu motivieren,
- an deinen Entscheidungen festzuhalten und sie umzusetzen.

Übernimm Verantwortung für dich selbst

Wir genießen heutzutage unendlich viele berufliche Auswahlmöglichkeiten. Doch unbegrenzte Möglichkeiten bedeuten auch eine unbegrenzte Verantwortung: für welchen Karriereweg solltest du dich entscheiden? Zu welchen Opfern im Hinblick auf dich selbst und deine Familie bist du bereit? Wichtiger noch: *Willst* du die Dinge überhaupt verändern und unbekannte Risiken in Form eines Job- oder Arbeitgeberwechsels oder des Sich-selbstständig-Machens eingehen? Gibt es vielleicht eine Möglichkeit, deine „geheime Leidenschaft" zu realisieren, ohne Kompromisse in Kauf zu nehmen? Wir sehen zwei Alternativen, wie du zu Antworten auf diese Fragen kommst:

1. Entweder du experimentierst mal hier, mal dort und stößt, wenn du Glück hast - noch *bevor* du in Rente gehst, auf einen Job, den du magst und bei dem du ein nachhaltig gutes Gefühl hast. Dabei kann es natürlich passieren, dass du nicht fündig wirst und dann irgendwann auf dein Leben zurückblickst, dich wunderst, wo die vielen Jahre geblieben sind, und bereust, nicht das Beste aus deinem Leben gemacht, oder schlimmer, es nicht einmal versucht zu haben.

2. Oder aber du ersparst dir die Umwege, gehst aus der passiven Haltung heraus, übernimmst Verantwortung für deinen Weg und folgst unserem Leitfaden. Binnen kurzer Zeit wirst du wissen, welche Richtung du einschlagen sollst und womit du beginnen kannst. Die Geschwindigkeit legst du selbst fest. Auf diese Weise gewinnt dein Leben einen neuen Fokus *und* einen höheren Sinn. Oberstes Ziel ist es dabei, dir bei der Antwort auf eine der fundamentalsten Fragen zu helfen, die sich fast jeder stellt: „Wer bin ich, was will ich die nächsten Jahre *gerne* tun und wie kann ich es realisieren?"

Das „Wie?" ist dabei der leichtere Schritt, denn aus eigener Erfahrung wissen wir, dass es erst einmal viel schwieriger ist, herauszufinden, „was" man genau tun will. Ist man sich darüber im Klaren, fällt es einem wesentlich leichter, den Mut und den Glauben an sich zu mobilisieren, und tatsächlich loszulegen. Was immer du auch tust, die Verantwortung, eine Wahl zu treffen, liegt immer bei dir. Es ist *dein* Leben!

Wessen Leben hast du bis jetzt gelebt?

Joe Dominguez schrieb in seinem Buch „Your Money or Your Life": *„Das ideale Arbeitsleben bietet genügend Herausforderungen, um interessant zu sein. Genügend Leichtigkeit, um Genuss zu verschaffen. Genügend Kameradschaft, um nährend zu sein. Genügend Stunden bei der Arbeit, um diese zu bewältigen. Genügend Freizeit, um die Batterien aufzutanken. Genügend Albernheit, um Spaß zu haben. Und genügend Geld, um den Lebensunterhalt zu bestreiten ... und noch ein bisschen mehr."*

Wir finden, unsere Arbeit könnte tatsächlich noch mehr bieten als das! In Anbetracht der Tatsache, dass man einen Großteil der Zeit in die Arbeit steckt, statt sie mit dem Ehepartner, der Familie oder Freunden zu verbringen, sollte der Inhalt deiner Arbeit deinem Leben einen Sinn geben und dir ein tiefes Gefühl der Befriedigung vermitteln: Tag für Tag.

Das englische Wort ‚**vocation**' (abgeleitet vom Lateinischen „vocare" = „rufen") beschreibt am besten, was wir meinen. Es steht für eine Aufgabe oder Verantwortung, für die man sich besonders berufen fühlt. Berufung, Lebenswerk oder Mission sind mögliche Synonyme. Die Arbeit an und für etwas, das größer als wir selbst und gleichzeitig tief mit unserem Innern verwurzelt ist. Das Problem ist nur: Wer sollte dich rufen und dir sagen, was du mit deinem Leben anstellen sollst?

Bei manchen Leuten, die wir getroffen haben, kam dieser Ruf von ihren Eltern, bis sie irgendwann um die Lebensmitte herum aufwachten und realisierten, dass sie die ganze Zeit dem elterlichen und nicht dem eigenen Lebensentwurf gefolgt waren.

Bei uns persönlich waren es nicht die Eltern - sie ließen uns beiden sehr viel Freiraum, um uns zu entwickeln. Es war mehr das Umfeld, das uns ständig von steilen Karrieren und Mega-Gehältern vorschwärmte, und uns signalisierte, dass wir uns das unmöglich entgehen lassen dürften.

Wenn du den „Rufen" von Eltern, Studienkollegen und anderen aber nicht trauen kannst, wem sonst solltest du dann vertrauen?
Die Antwort hast du wahrscheinlich schon erraten: dir selbst, denn niemand ist wie du!

Das zu tun ist schwieriger, als es zunächst scheint, weil in der Regel spätestens am ersten Schultag schon das Feuer der persönlichen Leidenschaften mit all deinen Stärken und Fähigkeiten Stück für Stück gelöscht und der Weg in die eigene Individualität und Selbstverantwortung verschüttet wird. Die meisten haben gelernt, sich bei den Themen Lebensführung und Berufsgestaltung an den sie umgebenden Menschen und Einflüssen zu orientieren und sie nachzuahmen. Denn bis wird davon in den Schulen sehr wenig dazu beigebracht.

Auch wir ertappten uns oft selbst, wie wir z. B. in Seminaren mitschreiben, was der Seminarleiter oder andere kluge Köpfe aus der Gruppe sagen, anstatt zu notieren, was *wir* denken und was wir daraus machen könnten. Überall suchen wir nach Rat, Lenkung und Lösungen, außer bei uns selbst, und hoffen auf ein Wunder, durch das alles besser wird. Als wir entdeckten, dass die Antworten und Lösungen, nach denen wir die ganze Zeit suchten, bereits in uns lagen, war das eine regelrechte Offenbarung. Seitdem brauchen wir nicht mehr zu „arbeiten", denn wir gehen einem Beruf nach, den wir lieben.

Der Gesundheit zuliebe nicht länger warten

Im falschen Beruf zu arbeiten oder beruflich unausgefüllt oder frustriert zu sein, kann emotionalen Dauerstress verursachen und physisch wie psychisch krank machen!

Wie das? In diesem Zusammenhang hilft es, die medizinischen Hintergründe ein wenig zu verstehen. Stress ist für unser Gehirn dasselbe wie Gefahr. Weil wir schon seit jeher bei Gefahr schnell reagieren müssen und nicht lange überlegen dürfen, reagiert unser Körper ganz automatisch darauf, ohne dass wir darauf bewusst Einfluss nehmen können. Gesteuert werden diese Abläufe vom Stammhirn, dem ältesten Teil des menschlichen Gehirns.

Bekommt es das Signal „Gefahr", verändert es unmittelbar die Sauerstoffversorgung, die Blutzirkulation, die Botenstoff- und die Hormonausschüttung im Gehirn. Bei den inneren Organen wird in diesem Zustand die Sauerstoff- und Blutzufuhr gedrosselt und vermehrt in Gehirn und Muskeln gepumpt, um so konzentrierter und stärker zu sein.

Die Glückshormonausschüttung wird gebremst und die Ausschüttung von Adrenalin und weiteren für die Gefahrenabwehr wichtigen Neuropeptiden dafür erhöht. Steht man nun dauerhaft unter Stress, versteht man sehr schnell, was das für den Körper bedeutet. Die Unterversorgung in den Organen führt zu Krankheiten wie Herz-Kreislaufschwäche, Verdauungsstörungen, Gelenkbeschwerden und vielem mehr. Die veränderte Ausschüttung der Botenstoffe kann Schlafprobleme, Depressionen und chronische Krankheiten auslösen, die bis zur Entstehung von Tumoren und psychischen Erkrankungen führen können. Eine bereits im Dezember 1998 im *Journal of the National Cancer Institute* veröffentlichte Studie stellte beispielsweise fest, dass bei älteren Menschen, die unter Depressionen litten, die Krebsgefahr fast doppelt so hoch war wie bei Nichtdepressiven.

Seit mehreren Jahren weiß man, dass anhaltender emotionaler Stress in den Burnout führt, der in der Regel immer auch mit Depressionen einhergeht. Zahlreichen Krankenkassenstudien zufolge zählt Burnout seit Jahren zu den Top fünf Erkrankungen nach Herz-Kreislauf-Erkrankungen und Erkrankungen des Verdauungssystems (GKV 2010). Erkrankungen, die auch häufig durch Stress entstehen.

Regelmäßige Studien von Gallup belegen immer wieder, wie groß der Zusammenhang zwischen Unzufriedenheit am Arbeitsplatz und „sich ausgebrannt fühlen" ist. Nur 15% der Befragten, die eine hohe emotionale Bindung zum Arbeitgeber angaben, fühlen sich ausgebrannt, während dieser Wert bei denen, die praktisch schon innerlich gekündigt haben, bis auf 50% steigt.

Nutze die Denkimpulse in unserem Buch, folge dem Ruf in deinem Inneren und werde im Lauf der Zeit Meister darin, das zu tun, was dir Freude macht. Unser Workshop gibt dir jetzt die Chance, einen öden Job oder hohe Unzufriedenheit gegen eine Karriere einzutauschen, die spannend und erfüllend ist, die mit deinen tiefen Interessen übereinstimmt und dein Leben verlängern kann.

Workshop Übersicht

Unser Workshop läuft in sechs Schritten ab.

Schritt 1 **Wo stehe ich?**
Du prüfst deine aktuelle Zufriedenheit, beurteilst deine gegenwärtige Lage und holst Erfahrungen hervor, die dir früher schon einmal weitergeholfen haben.

Schritt 2 **Was bringe ich mit?**
Über verschiedene Übungen erarbeitest du deine Fähigkeiten, Stärken und Talente und schnürst dein einzigartiges, individuelles Stärkenpaket, das als Grundlage für deine Visionsaussage dient.

Schritt 3 **Was ruft in mir?**
Du findest mehr über deine speziellen inneren Antriebskräfte und Motivationen heraus, die dich zu Höchstleistungen beflügeln und dich Spaß an einer Sache haben lassen. Ein weiterer wichtiger Baustein, um deine Berufung an die Oberfläche zu locken.

Schritt 4 **Wo will ich hin?**
Du entwickelst eine berufliche Visionsaussage, die dich die nächsten Jahre begleiten wird, indem du alle bisherigen Erkenntnisse zusammenführst und in die Zukunft projizierst.

Schritt 5 **Was hindert mich noch?**
Du betrachtest die Hindernisse, die dich bisher davon abgehalten haben, deinem inneren Ruf zu folgen und eliminieren Ängste und Fremdbestimmungen, so dass du genau weißt, was du – selbstbestimmt – zu tun hast.

Schritt 6 **Wie komme ich hin?**
Du erarbeitest einen individuellen Langzeitplan und einen 24-Stunden-Aktionsplan, mit dem du sofort loslegen kannst.

Warum wir diesen Workshop entwickelt haben

Während wir unsere eigenen beruflichen Krisen und Veränderungsprozesse durchwanderten, stellten wir fest, dass viel mehr Menschen mit ihrer beruflichen Situation unzufrieden sind, als wir dachten. Laut Gallup Studien geben regelmäßig mehr als ein Viertel der Befragten in Deutschland an, nicht die ideale Tätigkeit auszuüben – umgerechnet sind das mehr als 10 Millionen Menschen. Die Unzufriedenheit hat viele Gründe und hängt meist eng mit unseren inneren Antriebskräften zusammen (mehr dazu in Schritt 3), die wir bei unseren Entscheidungen nicht genügend berücksichtigen. Je mehr wir sie ausleben können, umso zufriedener sind wir, je mehr sie eingebremst werden, umso mehr Kraft kostet uns das und macht uns unglücklich. Es gibt also genügend Anlässe, jetzt zu handeln:

- Vielleicht lässt dein Körper dich bereits deutlich spüren, dass es so nicht länger weitergehen kann.
- Vielleicht stehst du an einem Wendepunkt und musst dich entscheiden, ob du gehen oder bleiben willst. Ob du dich selbstständig machen sollst oder nicht. Ob du noch mal eine Ausbildung starten willst oder nicht. Ob du ins Ausland gehen möchtest oder nicht. Ob du das Angebot, in Frührente zu gehen, annehmen sollst oder lieber doch noch nicht.
- Vielleicht langweilst du dich aber auch nur in deinem Job und hast bereits eine Ahnung, was dein wirklicher „Traumjob" oder deine „Berufung" wäre, wenn es keine finanziellen oder anderen Zwänge gäbe. Tragischerweise entspricht die Kluft zwischen „eine Ahnung haben" und „sicher sein" der Kluft zwischen Tagträumerei und Realität. Du magst einwenden, dass du dir die Verwirklichung deiner Tagträume niemals leisten könntest, weil du deinen Lebensunterhalt bestreiten, deine Rechnungen bezahlen, für dich und deine Familie die Brötchen verdienen musst. Wie immer dein Traum aussieht – von da, wo du jetzt stehst, mag er dir vollkommen unvernünftig und unerreichbar vorkommen. Und doch gibt es zig andere – unter anderem wir selbst, die ihre Träume bereits leben, und das solltest auch du!

Wann du auf deinen Traumjob umsteigen kannst

Sobald du ausklamüsert hast, „was" du tun willst, und das hängt davon ab, wie lange du dazu brauchst, unser Buch durchzuarbeiten, geht es nur noch darum, ob und wann du den ersten Schritt gehst und anfängst, deine Vision zu leben. Je nachdem, wie ängstlich oder motiviert du bist, kann der Prozess also langsamer oder schneller verlaufen. Wie zum Beispiel bei einer unserer Leserinnen.

Nachdem sie unseren Workshop gemacht hatte, krempelte Monica Riedel ihr Leben binnen weniger Monate komplett um. Sie hatte viele Jahre einen führenden Marketingjob beim deutschen Fernsehsender VOX innegehabt, als sie herausfand, dass ihre wahre Berufung das Texten und Komponieren von Country- und Folksongs war. Nachdem sie Gitarre spielen gelernt hatte, dauerte es nur zwei Jahre, bis sie eine Goldene Schallplatte für 250.000 verkaufte Exemplare von dem Gassenhauer der Karnevalssaison 1998 „Die Karawane" in Empfang nehmen durfte. Seit der Geburt ihres Sohns feiert sie außerdem bis heute mit Kinderliedern wie „Algenbrei" ihre Erfolge.

Nach unseren eigenen Erfahrungen hängt vieles daran, wie schnell oder wie vollständig man das Alte aufgeben und loslassen kann. Ist man frei für die Veränderung und kann man sich klar für das Neue entscheiden, öffnen sich plötzlich viele Türen. Ist man zu ängstlich oder verkrampft und kann nicht richtig loslassen, bleibt der Weg schwierig oder versperrt. Dazu muss man nicht gleich auf volles Risiko gehen und alles an den Nagel hängen, sondern kann sich beispielsweise erst mal nebenberuflich oder in Teilzeit ausprobieren oder eine Fortbildung machen, die richtigen Leute kennenlernen und netzwerken.

Unsere Vision zu entdecken, zu entwickeln und aufzuschreiben und uns im Anschluss klar für dieses Ziel zu entscheiden, war so ähnlich, als hätten wir auf Autopiloten geschaltet und würden auf magische Weise auf unsere ultimative Bestimmung zusteuern.
Je klarer du ein Ziel vor Augen hast und genau weißt, wohin du willst und warum, umso leichter kannst du einen neuen Weg beschreiten und anfangen, deinen Traum zu realisieren.

Empfehlungen zur Bearbeitung

Man gewinnt wahre Einsichten zu fast jedem Thema, wenn man nur die richtigen Fragen stellt und Antworten darauf findet. Kinder fragen unzählige Male „Warum?" und erfahren so, wie die Welt funktioniert. Christoph Kolumbus stellte z. B. die Frage: „Warum fallen Schiffe nicht von der Erde runter, wo sie doch angeblich flach ist?", bevor er seine Segel hisste und Amerika entdeckte.

Vielen Dingen, die wir heute wie selbstverständlich benutzen, liegen Fragen wie „Warum gibt es das noch nicht?" und „Wie kann ich es realisieren?" zu Grunde.

Auch wir machen uns Fragen zu Nutze, die aufeinander aufbauen und immer tiefer gehen. Jeder der sechs Schritte ist gleich strukturiert und enthält verschiedene Denkzeuge für deinen beruflichen und persönlichen Selbstentdeckungsprozess. So ist es aufgebaut:

- Einführende Kommentare und Erläuterungen zum Verständnis des Denkzeugs,
- Übungen mit Schlüsselfragen oder Aufgaben zum Bearbeiten,
- Felder, in denen du die gestellten Fragen schriftlich beantworten oder wichtige Einsichten notieren kannst. Benutze bei Bedarf weiteres Papier, um für die Entfaltung deiner Antworten viel Freiraum zu haben, oder nutze gleich von Anfang an ein speziell dafür angelegtes Notizbuch oder unser speziell für dich vorbereitetes Workbook (s. S. 3),
- Platz am Ende jedes Denkzeugs, um deine drei Schlüsselerkenntnisse zu notieren.

Reflexion und Lernprozess

Im Rahmen dieses Workshops konfrontieren wir dich mit einer Reihe von Entscheidungen und Erfahrungen aus deiner Vergangenheit, deinem Verhalten in bestimmten Situationen und deinen Beziehungen zu Mitmenschen. Schreibe deine Antworten zu den Fragen erst auf, nachdem du dir genügend Zeit genommen hast, über sie nachzudenken und auf die Gefühle zu hören, die sie in dir wecken. Denn kann kommen sie nicht vom Verstand, sondern vom Herzen. Die

Fragen dienen dazu, mehr und mehr deiner Emotionen, Gefühle und verborgenen Wünsche offenzulegen. Jede Frage bildet dabei den Ausgangspunkt für die nächste Frage. Deshalb empfehlen wir auch, sie der Reihe nach zu bearbeiten. Die Erkenntnisse und Antworten, die sich daraus ergeben, bringen dich immer näher zu dir selbst und helfen dir, einen Weg in eine zufriedenere Zukunft zu finden.

Die therapeutische Wirkung des Schreibens

Dutzende von Studien, unter anderem von James Pennebaker, kommen zu dem Schluss, dass sich die meisten Menschen besser fühlen, wenn sie ihre innersten Gedanken und Gefühle über traumatische Ereignisse, wie beispielsweise sexuellen Missbrauch oder das Durchleiden einer schweren Krankheit wie Krebs, zu Papier bringen.

Vielleicht hast du die positive Wirkung des Schreibens schon selbst kennengelernt, als du etwas aufgeschrieben hast, um
- deine Gedanken zu ordnen,
- deine Gefühle in Worte zu fassen,
- zu bestimmen, was wichtig für dich ist,
- ungelösten Problemen auf die Spur zu kommen,
- ein einschneidendes Ereignis in deinem Leben zu verarbeiten,
- bei Entscheidungen pro + contra Checklisten zu erstellen.

Doch der Effekt des therapeutischen Schreibens ist nicht nur für die Gefühlswelt wichtig. Eine im *Journal of the American Medical Association* veröffentlichte Studie zeigte, dass expressives Schreiben sogar die Symptome von Asthma und rheumatoider Arthritis abschwächen kann. In einer im *Journal of Consulting and Clinical Psychology* veröffentlichten Studie verfügten Hochschulstudenten sechs Wochen, nachdem sie über stressvolle Ereignisse in ihrem Leben geschrieben hatten, sogar über aktivere T-Helfer-Zellen – ein Hinweis auf eine besser funktionierende Immunabwehr.

Charles Duhigg beschreibt in seinem Buch „Die Macht der Gewohnheit" die enormen Erfolge von Reha-Patienten, die sie durch schriftliches Fixieren ihrer Gedanken gemacht haben. Die Patienten wurden in zwei Gruppen aufgeteilt. Die erste Gruppe bekam eine

Broschüre zum Lesen über ihre Krankheit und Empfehlungen zur Genesung. Die zweite Gruppe bekam dieselbe Broschüre, allerdings mit einem Anhang leerer Seiten, die sie jede Woche neu ausfüllen sollten. Auf den Seiten stand lediglich:

„Meine Ziele für diese Woche sind ____? Schreiben Sie genau auf, was Sie tun werden. Zum Beispiel wenn Sie einen Spaziergang machen wollen, schreiben Sie genau auf, wo und wann Sie das tun wollen."

Nach drei Monaten wurden die Patienten noch mal zu Hause besucht, um ihren Gesundheitszustand festzustellen. Dabei kam heraus, dass die Teilnehmer der Gruppe, die ihre Wochenziele aufgeschrieben hatten, fast doppelt so schnell wieder gehen, fast dreimal so schnell ohne fremde Hilfe aus ihren Rollstühlen aufstehen und sich schneller wieder selbst versorgen konnten.

Schreiben ist wie meditieren und neueste Studien belegen inzwischen den enormen Heilungseffekt von Meditationen. Nutze also unbedingt auch diese Technik für dich und schreibe *alles* auf.

Schreiben von Hand statt mit dem Computer

Die meisten deiner Antworten und Einsichten solltest du mit einem herkömmlichen Stift aufschreiben, statt sie in den Computer zu tippen. Wir wissen, das scheint vielleicht antiquiert und es mag vielleicht auch schon eine Weile her sein, seitdem du etwas von Hand geschrieben hast. Doch glaube uns, es ist eine vollkommen andere Erfahrung, mit einem Schreibgerät vor einem leeren Blatt Papier zu sitzen, statt vor einem Smartphone, Tablet oder einem Computer.

Wir selbst arbeiten überwiegend am Computer und bearbeiten unsere Übungen auch digital. Aber das Schreiben von Hand verschafft uns immer wieder eine willkommene Distanz und ermöglicht nochmal ein anderes, tiefer gehendes Denken. Mit einem Schreibinstrument in der Hand fühlen wir uns ein bisschen wie ein Künstler, der einen Pinsel führt. Plötzlich sind wir nicht mehr festgelegt auf eine sequenzielle Denkweise, bei der wir Zeile um Zeile des Bildschirms volltippen und ganz leicht auch alles wieder löschen können. Stattdessen haben wir das Gefühl, in teilweise unbekanntes Territorium aufzubrechen, in dem unsere Seelen frei wandern können und unsere Kreativität durch den Federhalter auf Papier fließen lassen. Unsere innersten Gedanken werden so sichtbar festgehalten und bringen vieles in Bewegung – innerlich wie äußerlich.

Die Wahrscheinlichkeit ist hoch, dass auch bei dir ungewöhnliche Dinge im Verlauf dieses Prozesses passieren. Vermutlich wirst du Eigenschaften an dir entdecken, von denen du nicht wusstest, dass du sie besitzt. Die Erforschung deiner Innenwelten verhilft dir mit der schriftlichen Dokumentation zu einem bewussteren und besseren Verständnis von dir selbst und dem, was in dir wachsen und hervorgebracht werden will.

Weil das Schreiben von Hand gewöhnlich länger dauert als das Schreiben auf einer Tastatur, verlangsamt sich automatisch auch dein Denkprozess. Das ist gut so, denn du sollst nicht in die Breite, sondern in die Tiefe denken. Die Worte, die du auf dem Papier vor dir siehst, setzen ein unbewusstes Feedback in deinem Kopf in Gang, das den Inhalt dessen, was du schreibst, kritisch überprüft. Zur Abwechslung ist mal nicht derjenige der Gewinner, der als Erster die Zielgerade überquert, sondern derjenige, der seinem Sein und seiner wahren Berufung am nächsten kommt.

Wenn du seit Jahren nichts mehr von Hand geschrieben hast, macht das gar nichts. Die einzige Person, für die du schreibst, bist eh nur du selbst. Deine handschriftlichen Aufzeichnungen sind nicht für fremde Augen bestimmt (siehe auch: Hinweise zu deinem eigenen Schutz, S. 28). Wie deine Handschrift oder das beschriebene Papier hinterher aussieht, ist daher völlig egal – Hauptsache, du selbst kannst es hinterher noch lesen.

Wir raten auch dringend davon ab, einen Bleistift für deine Aufzeichnungen zu verwenden. Ein Bleistift erlaubt es dir (ähnlich wie elektronische Geräte), deine Meinung zu ändern und deine „Original"-Gefühle und -Beobachtungen zu redigieren. Du könntest sogar versucht sein, deine persönliche Geschichte Jahre später buchstäblich auszuradieren, weil sie dir beim erneuten Lesen vielleicht unangenehm ist. Doch deine Wachstums-Fortschritte kannst du nur dann richtig einschätzen, wenn du sie mit deinen Anfängen vergleichst.

Denken contra Fühlen:
Wie du die Fragen beantworten solltest

Viele Menschen versuchen, sämtliche Fragen nur mit dem Kopf zu lösen und nicht mit dem Herzen. Besonders in männlich dominierten Welten zählen warme, weiche Gefühle meist immer noch weniger als kaltes, logisches und faktenbasiertes Denken.

Vor der Entwicklung unserer Denkzeuge waren Gefühle nicht messbar, in einer Diskussion schwierig zu vermitteln und nicht mit Zahlen zu belegen. Wir selbst gingen die Dinge meist mit viel Leidenschaft und Emotionen an und argumentierten eher mit dem Herzen als mit dem Verstand. Aber wir kamen oft nicht zum gewünschten Ergebnis.

In einem Prozess der Selbstverleugnung, der viele Jahre andauerte, begannen wir also, unsere wahren Gefühle zu verstecken und uns überwiegend auf die analytische, faktenorientierte Seite unseres Gehirns zu verlassen. Nur durch regelmäßiges Reflektieren nach innen und damit verbundenem Schreiben konnten wir diese Art der Selbstverleugnung erkennen und im Laufe der Jahre wieder umkehren.

Wenn du zur Wurzel deines innersten Seins und deiner wahren Berufung vordringen willst, bringen dich rein logischen Gedankenprozesse nicht sehr weit.

Deshalb solltest du dich bei der Beantwortung unserer Fragen in den Schritten 1 bis 4 in erster Linie von deiner Sensibilität und deinen Gefühlen leiten lassen. Für manche ist das leichter, für andere schwieriger.

Im Schritt 5 bringen wir dann Herz und Verstand in Einklang, denn den Verstand komplett auszuschalten, wäre ebenso kontraproduktiv.

Nachfolgend findest du noch weitere Vorschläge, wie du dafür sorgen kannst, dass dein Nutzen aus dem Workshop möglichst hoch ist.

Die richtige Stimmung

Nimm dir mindestens die in den Übungen empfohlene Zeit, um über die Fragen nachzudenken, deine Antworten auftauchen zu lassen und aufzuschreiben. In der Regel erfordert das zwischen 30 und 90 Minuten.

Arbeite nur dann an den Fragen, wenn du entspannt bist und Zeit dafür hast. Auch wenn du dich müde oder niedergeschlagen fühlst, Sorgen oder Konzentrationsprobleme hast, solltest du die Finger von der Beantwortung der Fragen lassen.

Die richtige Umgebung

Sorge dafür, dass du über die Dauer der Zeit, die die Bearbeitung einer Übung erfordert, ungestört bleibst. Ziehe dich in ein ruhiges Zimmer zurück und schließe am besten auch die Tür. Schalte Musik, Computer, Fernseher, Handy oder andere Geräte ab, die dich ablenken könnten.

Wenn du in einer ruhigen Straße wohnst, öffne die Fenster, damit die frische Luft und die Geräusche der Natur – Wind, Vogelzwitschern etc. – dir beim entspannten Reflektieren helfen. Nimm auf einer Sitzgelegenheit Platz, die es dir am optimalsten ermöglicht, deine Gedanken fließen zu lassen und auf Papier zu bringen. Entferne alles, was den Fluss deiner Gedanken und Worte stören könnte.

Nimm dir Zeit und hab Geduld mit dir

Versuche, dich beim Schreiben zu entspannen. Nicht der Kopf ist der Ort für Empfindungen, sondern der Bereich unterhalb deiner Brust.

Fange niemals sofort mit dem Schreiben an, bevor du die ganze Frage zu Ende gelesen hast. Das ist besonders schwierig für Leute, die es gewohnt sind, sofort mit der Antwort loszuschießen. Bremse dich! Du hast nichts zu verlieren, selbst wenn es eine Weile dauert, bis sich irgendwelche Gefühle und Empfindungen bemerkbar machen.

Wenn du dich dabei ertappst, dass du das, was du schreibst, gleich wieder im Kopf analysierst, hör auf damit! Versuche, deine rational-analytisch-kritische Seite erst mal auszublenden und deine innersten Wünsche hochkommen zu lassen.

Die Erforschung deiner Innenwelten und die schriftliche Dokumentation verhelfen dir zu einem besseren Verständnis von dir selbst und dem, was in dir leben will. Sehr wahrscheinlich passieren ungewöhnliche Dinge während dieses Prozesses. Du wirst Eigenschaften an dir entdecken, von denen du nichts wusstest, manche schmerzlichen Szenen aus deiner Vergangenheit können sich wieder nach vorne drängen und vielleicht wirst du sogar die eine oder andere Träne vergießen.

Lass uns dir versichern, dass es sich dabei um einen natürlichen Teil deines Selbstentdeckungsprozesses handelt, der dir hilft, deine Berufung zu finden. Zur Besorgnis besteht kein Anlass. Da wir nicht die Vergangenheit, sondern nur die Gegenwart ändern können, um die Weichen für unsere Zukunft zu stellen, akzeptiere die Dinge, die dir in der Vergangenheit widerfahren sind, als das, was sie sind: ein Teil deiner persönlichen Lebens- und Lerngeschichte. Erfahrungen, die das Menschsein mit sich bringt und braucht.

Hinweise zu deinem eigenen Schutz

Verschließe dein Buch an einem sicheren Ort, wie wenn es dein Tagebuch wäre. Wir raten davon ab, dieses Dokument irgendjemandem zu zeigen, bevor deine Arbeit beendet ist. Ja, im Grunde raten wir davon ab, es überhaupt jemandem zu zeigen. Denn es enthält tiefste Einblicke in deine Persönlichkeit. Diese hoch sensiblen, privaten und intimen Auskünfte solltest du, sofern nicht ausdrücklich von dir gewünscht, mit niemandem teilen. Es ist dein Schatz, der nur dir gehört.

Warum sollst du diese Inhalte nicht deinen engsten Vertrauten zeigen? Ganz einfach. Du dringst beim Bearbeiten zu den Wurzeln deiner wahren Persönlichkeit vor. Wenn du ganz bei dir bleibst und mit niemandem drüber sprichst – zumindest nicht so lange du daran arbeitest, vermeidest du für dich selbst, dabei beeinflusst oder gar manipuliert zu werden. Außerdem betreffen einige der gestellten

Fragen speziell jene Menschen, die dir besonders nahestehen. Manchmal mögen dir diese Menschen auf deiner Reise helfen, manchmal sind sie dir aber auch im Weg und hindern dich daran, so zu sein, wie du wirklich bist. Wenn du im Vorhinein weißt, dass jemand deine Antworten lesen wird und du bei der Beantwortung einer Frage herausfindest, dass du gerade mit dieser Person Probleme hast, wirst du nicht die Wahrheit über sie schreiben, um sie nicht zu verletzen. Damit verletzt du aber dich.

Dieser Akt der Selbstzensur, um es anderen recht zu machen und ihnen zu gefallen, verstößt gegen das Hauptziel dieses Workshops, das ja darin besteht, sich von anderen unabhängig zu machen, selbstbewusster zu werden, eigene Gedanken zu denken, dein eigenes Leben zu leben und deine wahre Berufung zu finden.

Unterdessen raten wir dir jedoch, das Endergebnis deines Gedankenprozesses – also deine Lebenstraum, und deine Vision, die du von nun an verfolgen willst, selbstbewusst mit anderen zu teilen.
Das wird dich auf deinem Weg stärken und unter Umständen sogar neue Freunde und Mitstreiter bringen, die auf einem ähnlichen Weg sind.

Zusammenfassung - zehn Empfehlungen für das Schreiben

1. Wichtig: Lese und beantworte die Fragen in der vorgesehenen Reihenfolge. Versuche nicht, die Fragen im Kopf zu beantworten, ohne deine Gedanken aufzuschreiben. Bitte blättere nicht zur nächsten Frage vor, bevor du mit der aktuellen Frage fertig bist – das würde den Ablauf stören und den Nutzen der Übung vereiteln.
2. Fange nicht sofort mit dem Schreiben an. Lese jede Frage zunächst mehrmals durch.
3. Nachdem du die Frage gelesen hast, lege den Stift für einen Moment zur Seite. Horche in dich hinein und fühle, ob die Frage an wunden Punkten rührt oder Emotionen in dir aufwühlt. Versuche unbedingt, zunächst mit dem Herzen (rechte Gehirnhälfte) zu denken und erst dann dem Verstand (linke Gehirnhälfte) Gehör zu schenken.

4. Konzentriere dich beim Schreiben auf die Gefühle und Empfindungen, die in dir aufsteigen. Schreibe auf, was du fühlst, ohne das Geschriebene rationell zu bewerten oder zu analysieren.
5. Schreibe, wo es möglich ist, in vollständigen Sätzen. Vermeide Abkürzungen oder Stichworte. Schreibe leserlich und langsam. Dies ist wahrscheinlich eines der wichtigsten Dokumente, das du in deinem ganzen Leben verfassen wirst. Die Erfahrung anderer Leser hat gezeigt, dass sie es nach Jahren wieder hervorholen und erneut lesen werden.
6. Finde heraus, was in dir lebt. Fürchte dich nicht vor der Erforschung unbekannten Territoriums.
7. Schreibe, bis du dich zufrieden fühlst. Wenn dir der Platz ausgeht, hole dir mehr Papier oder besser noch, lege dir ein spezielles Notizbuch an oder hol dir unser Workbook zum Download (s. S. 13) – aber höre nicht auf zu schreiben!
8. Übergehe auf keinen Fall die Schlüsselerkenntnisse am Ende der einzelnen Denkzeuge. Sie bringen jedes Denkzeug auf den Punkt. Am besten legst du dir für die Schlüsselerkenntnisse eine eigene Seite an.
9. Wenn du mit einer Frage fertig bist, atme erst einmal durch, und warte ein paar Minuten still ab. Treiben in dieser Frist weitere Gefühle an die Oberfläche, notiere diese noch.
10. Ruhe dich kurz aus, und gehe dann zur nächsten Frage über, sofern du noch genügend Energie übrighast, oder schlafe erst einmal drüber.

Deine Vereinbarung mit dir selbst

Als Zeichen, dass du dich selbst und diesen Workshop sehr ernst nimmst, treffe jetzt am besten eine schriftliche Vereinbarung mit dir selbst. Verhalte dich so, wie du es einem Dritten dir wichtigen Menschen gegenüber tun würdest: die Vereinbarung erfüllen und nicht brechen!

Unser Vorschlag ist, dass du die folgenden drei Punkte mit Ort und Datum ergänzt und deiner Unterschrift bestätigst.
Nie ein Versprechen zu brechen – weder anderen noch dir selbst gegenüber, ist ein wichtiger Aspekt persönlicher Integrität.

1. Ich verspreche mir selbst, den Workshop sorgfältig und nach bestem Gewissen zu nutzen.
2. Ich werde die vorgesehene Reihenfolge Schritt für Schritt durcharbeiten und nicht vorzeitig abbrechen.
3. Ich bin mir darüber bewusst, das ich möglicherweise Dinge über mich erfahre, die beträchtliche Veränderungen und Umwälzungen in meinem Privat- und Berufsleben nach sich ziehen könnten, wie zum Beispiel einen anderen Karriereweg einzuschlagen, mein geographisches Umfeld zu ändern oder mich von Menschen zu lösen, und nehme dies für meine persönliche Weiterentwicklung gerne und ohne Zwang in Kauf.

Ort, Datum

Unterschrift

Deine Ausgangslage

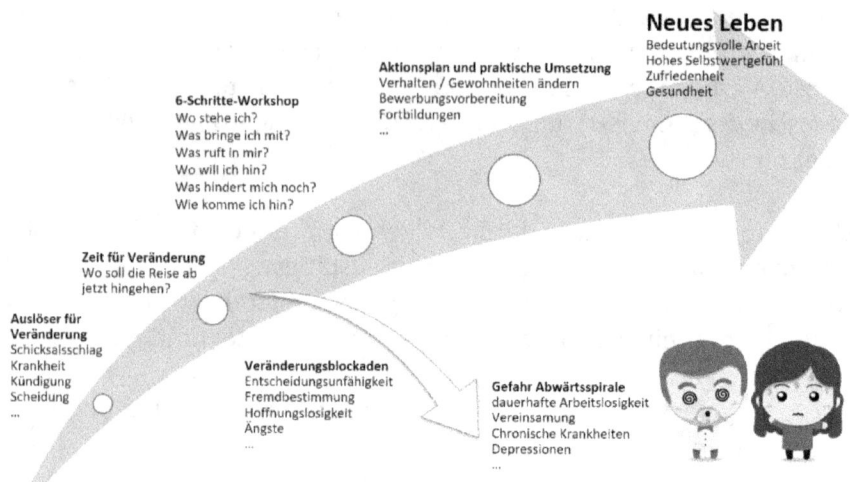

Oft sind wir uns so lange nicht wirklich bewusst darüber, wie wir unser Leben leben, bis uns ein plötzliches Veränderungsereignis aus unserem Schlummer reißt. Es gibt viele Auslöser dafür. Dir wird gekündigt, die Kinder ziehen zu Hause aus, du erleidest einen Zusammenbruch, Herzinfarkt oder Unfall, oder bist mit dem Tod eines nahestehenden Menschen konfrontiert – all diese Ereignisse können eine Lebenskrise verursachen, die dir vor Augen führt, wie dein momentanes Leben wirklich aussieht.

Vielleicht hast du auch eine Bestandsaufnahme gemacht und festgestellt, dass sich dein Leben nicht so entwickelt hat, wie du es dir erhofft hattest. Möglicherweise wurde dir, ähnlich wie bei uns, von Freunden oder Vorbildern beigebracht, Karriereentscheidungen in erster Linie an äußeren Faktoren wie Prestige, Status, Macht oder Geld aufzuhängen und stellst jetzt fest, dass du in Wirklichkeit das Leben eines anderen statt das Eigene gelebt hast. In solchen Situationen haben dann viele Menschen das Gefühl, vor einer Mauer der Ratlosigkeit zu stehen, die jede Form des Wachstums, der Befriedigung und des Glücks ersticken kann. Entgeistert fragen sie: „Soll das etwa alles gewesen sein?" oder „Will ich wirklich so den Rest meines Lebens verbringen?"

Sehr wahrscheinlich spürst du schon einen Veränderungsbedarf, bist dir aber nicht sicher, was du konkret verändern sollst. Angst, Unsicherheit und Zweifel über die möglichen Konsequenzen einer Veränderung können eine Warteschleife der kreativen Vermeidung bewirken. Du findest alle erdenklichen Gründe und Ausreden, um dich vor der anstehenden Veränderung zu drücken. Wir persönlich starten gern einen Großputz im und ums Haus und entrümpeln erst mal das Äußere. Andere verbringen Stunden vor dem Fernseher oder Smartphone und lassen sich ablenken – alles, um sich vor der zu intensiv empfundenen Verantwortung zu drücken. Solange der Druck noch erträglich ist und das Gefühl, dass es nur besser werden kann, nicht überwiegt, schlummert man lieber in seiner bequemen Komfortzone weiter.

Wenn du aber in der Warteschleife hängen bleibst, ist die Gefahr groß, dass du in eine Abwärtsspirale gerätst, an deren Ende Arbeitslosigkeit, Scheidung, Depression, Alkoholabhängigkeit, Krankheit, Armut und andere bittere Erfahrungen stehen. Drängt sich jedoch immer mehr eine Aussage, wie: *„So will und kann ich nicht mehr weitermachen!"* in den Vordergrund und gelingt es dir, deine Inaktivität abzuschütteln, kommt automatisch folgende Frage hoch: *"Wie soll der Rest meines Lebens aussehen?"* Das ist der Punkt, an dem du anfängst, deine Möglichkeiten und Optionen aktiv zu recherchieren.

Vielleicht bist du im Rahmen dieser Recherche auch auf unser Buch aufmerksam geworden. Dies ist also der perfekte Zeitpunkt, dich auf unseren Selbstreflexionsprozess einzulassen. Nimm dir die Zeit, deine sämtlichen positiven Eigenschaften neu kennen zu lernen und sowohl deine Person und deine Lage als auch dein Umfeld von deinem persönlichen und ganzheitlichen Standpunkt aus zu betrachten. Vor allem kommt es darauf an, in dein Inneres einzutauchen und herauszufinden, wie du „tickst" – wer du wirklich bist. Nur so entschlüsselst du deine wahre Berufung, der du dich dann mit Leib und Seele verschreiben kannst.

Viele klassische Ratgeberbücher behandeln alle nur Teilaspekte der Berufswahl, etwa Fähigkeiten, Aufgaben, Kommunikationsstile, Vorlieben, Überzeugungen und Persönlichkeitstypen oder stülpen eigene Erfolgsstrategien auf die Leser über. Um jedoch deine wahre

Berufung zu finden, solltest du auf einer höheren Stufe operieren und einen ganzheitlichen Ansatz für deine Selbstbetrachtung wählen, der *alle individuellen* - inneren wie äußeren – Aspekte von *dir*, die in deine Arbeit hineinfließen, gleichermaßen berücksichtigt. Um sich auf die nächsthöhere Stufe der inneren Aspekte zu begeben, könntest du dir unter anderem auch die Werke berühmter Psychotherapeuten, Psychoanalytiker, Verhaltensforscher, Humanisten und Philosophen wie Carl Rogers, Sigmund Freud, Viktor Frankl, Carl-Gustav Jung, Alfred Adler, Abraham Maslow, Martin Seligman, André Rochais, Erich Fromm und Jean-Paul Sartre zu Gemüte führen. Um dir das aber zu ersparen, haben wir deren Erkenntnisse, die auch heute noch Gültigkeit haben, zusammen mit den neuesten Erkenntnissen aus Gehirn- und Verhaltensforschung in kompakte, leicht verständliche Denkzeuge zusammengeführt und für dich direkt nutzbar gemacht.

Wenn du am Ende damit eine klare Vorstellung davon entwickelt hast, wie deine wahre Berufung aussieht, ist es Zeit für die tatsächliche Veränderung und vom Denken zum Tun zu kommen. Schreite zur praktischen Umsetzung deiner Vision, indem du bestimmte Strategien der Jobsuche anwendest, deinen Lebenslauf aktualisierst oder Maßnahmen zu deiner Fortbildung einleitest. Das katapultiert dich in eine Aufwärtsspirale, die dich in den Genuss einer bedeutungsvollen Arbeit, steigenden Selbstwertgefühls, Erfüllung und Glück bringen wird.

Der Selbstreflexionsprozess ist das Kernstück unserer Vorgehensweise. Seine Durchführung ist herausfordernd und verlangt eine Menge Investment von deiner Seite, aber es wird sich lohnen.

Für den Anfang ist es wichtig, dass du verstehst,
- *welche* Faktoren für deine früheren Entscheidungen und dein daraus entstandenes Leben verantwortlich waren,
- *wie gut* du die Person kennst, die du momentan bist,
- *was* deine fundamentalen Motivationen und Werte sind und
- *wie sehr* deine Beziehungen zu anderen Menschen deine Entscheidungen beeinflussen.

Vielen Leuten wird nie bewusst, wie die Wirklichkeit in ihrem Innern aussieht. Dabei ist das genau *der* Ort für die Suche nach ihrer wahren Berufung.

Wenn du beginnst, die ersten Schritte des Workshops durchzuarbeiten, wirst du Persönlichkeitstests oder Werkzeuge, die du eventuell schon in der Vergangenheit mal in einer ähnlichen Form benutzt hast, um dich selbst besser kennenzulernen, erneut betrachten und deine früheren Einsichten auffrischen. Du wirst sehr persönliche und manchmal verblüffende Antworten und Erkenntnisse erhalten und herausfinden, ob du deine Energie auf einige wenige Bereiche konzentrieren und andere darüber vernachlässigen solltest. Außerdem wirfst du einen kritischen Blick auf deine Werte und inneren Antriebskräfte und vergleichst sie mit deinem tatsächlichen Verhalten und Ausleben, um Abweichungen und Widersprüche aufzudecken. Du kannst bei dem ganzen Prozess immer selbst entscheiden, in welcher Geschwindigkeit du vorangehen willst. Aber bleibe auf jeden Fall dran.

Auf die Plätze, fertig, los ...

Der 6-Schritte-Workshop

Wo stehe ich?

Aufschlussreiche Fragen

Manchmal haben wir eine Idee davon, was wir im Grunde unseres Herzens gern tun würden, wenn es allein nach unseren Wünschen ginge. Oft denken wir aber, dass dies sowieso nicht der Fall ist und arbeiten deshalb an Dingen, die keine Bedeutung für uns haben. Wir kleben fest im Alltagstrott mit seinen Aufgaben und Pflichten, und weit und breit kein Lottogewinn und keine Spur von der guten Fee, die uns daraus befreien könnte. Wir verschieben unsere Zukunft und unser Glück immer wieder auf den nächsten Tag, die nächste Woche, den nächsten Monat, weil unser Leidensdruck scheinbar noch nicht groß genug ist, damit wir tatsächlich etwas ändern. Doch unsere Lebensuhr tickt weiter.
Mit dem Start unseres Workshops setzt du der „Aufschieberitis" ein Ende und begibst dich in einen neuen Prozess, der dich Schritt für Schritt aus einem nicht zufriedenstellenden Job in eine berufliche Tätigkeit führt, die deinem inneren Ruf und Herzen folgt.

Wir beginnen mit fünf aufschlussreichen Fragen, die dir sehr schnell klar machen, ob du deinem Ruf schon folgst, wenn auch nur teilweise, oder deinen Job und deine Arbeit nur noch aufgrund verschiedener Umstände ausübst.

Hier ist nochmal der Code zum Einscannen - oder gib im Internet folgende Webadresse ein: https://denkzeuge.com/buch-bonus-paket-aa/, um dir kostenfrei das Work-Notizbuch zum Ausfüllen der Fragen herunterzuladen.

Übung 1: Kreuze bei den folgenden Fragen spontan ja oder nein an und begründe kurz, warum du das Häkchen dort gesetzt hast.

1. Wenn nur die anderen Menschen (Eltern, Partner, Kinder, Freunde, Chef ...) in deinem Leben nicht wären und du völlig frei entscheiden könntest, würdest du deinen jetzigen Job behalten?

    ◯ ja   ◯ nein

Warum oder warum nicht?

_____

_____

2. Wenn du ganz sicher wärst, nicht zu scheitern, egal, was du dir vornimmst, würdest du deinen jetzigen Job behalten?

   ○ ja   ○ nein

   Warum oder warum nicht?

   _____

   _____

3. Wenn du eine tödliche Krankheit hättest und wüsstest, dass du nur noch ein Jahr zu leben hast, würdest du deinen jetzigen Job behalten?

   ○ ja   ○ nein

   Warum oder warum nicht?

   _____

   _____

4. Wenn du ewig leben würdest und alle Zeit der Welt hättest, würdest du deinen jetzigen Job behalten?

   ○ ja   ○ nein

   Warum oder warum nicht?

   _____

   _____

5. Wenn du morgen 20 Millionen Euro gewinnen würdest, würdest du deinen jetzigen Job behalten?

   ○ ja   ○ nein

   Warum oder warum nicht?

   _____

   _____

Die Fragen sind so gestellt, dass du mit ihrer Hilfe klären kannst, ob du deine Berufung bereits gefunden hast und auslebst, oder ob du nur einen x-beliebigen Job machst. Der Unterschied zwischen „einen Job machen" und seine Berufung ausleben ist erheblich.

Ein Job bezeichnet eine eher zufällige Erwerbstätigkeit, die enger eingegrenzt ist und sich stärker auf den Arbeitgeber bezieht. Am Ende eines Lebens hast du vielleicht Mühe, dich an all deine Jobs zu erinnern, aber nicht, weil dein Gedächtnis lückenhaft wäre, sondern weil Jobs – speziell Gelegenheitsjobs – sich oft nur angeboten haben, um eine finanzielle Lücke zu schließen.

Ein Beruf – zum Beispiel Architekt oder Rechtsanwalt – ist ein bestimmtes Betätigungsfeld, für das man ausgebildet wurde und das meist dem Erwerb des Lebensunterhalts dient. Beruf und Berufung sind aber nicht dasselbe. Möglicherweise hat man im Verlauf eines Lebens mehrere Berufe erlernt und ausgeübt, diese haben aber oft nichts mit dem zu tun, wozu man sich von innen heraus berufen fühlt.

Eine Berufung ist eine Aufgabe oder Verantwortung, für die man sich besonders berufen fühlt. Eine Aufgabe, die einen Unterschied für dich macht, deinem Leben Bedeutung verleiht und dich Jahre später mit Stolz erfüllt, weil du dein Leben mit einer Arbeit an etwas, das größer ist als du selbst, gewidmet und dadurch Glück und Erfüllung erfahren hast. Wenn du deine wahre Berufung bereits gefunden hast, muss deine Antwort auf alle fünf Fragen zwangsläufig „ja" lauten, weil es nichts auf der Welt gibt, was du lieber tätest.

Nur ein einziges „nein" bedeutet bereits, dass es für dich etwas gibt, das du lieber tun würdest, anstatt deine wertvolle Zeit mit deinem jetzigen Job zu verschwenden, oder dass du vielleicht deine Tätigkeit liebst, aber einige Aspekte nicht so sehr schätzt, wie z. B. zu wenig Weiterentwicklung, fehlende Wertschätzung oder unfaire Entlohnung.

Insbesondere bei der dritten Frage bekommen wir oft Antworten wie *„Natürlich nicht, lieber würde ich auf Weltreise gehen"* oder *„Ich würde die Zeit ausschließlich mit meiner Familie verbringen"*. Kurz vor zwölf gewissermaßen.

Nein-Antworten auf mehrere Fragen bedeuten, dass du momentan ein Leben voller Kompromisse führst, mit der schwachen Hoffnung, irgendwann in der Zukunft all das machen zu können, was du dir insgeheim wünschst. Leider kann es passieren, dass diese Zukunft niemals kommt. Denn unser Leben ist sehr fragil und oft schneller vorbei, als wir denken. Schau nur kurz zurück, um zu sehen, wie schnell die letzten Jahre vergangen sind. Todkranke Patienten, die nach der Diagnose ihrer Ärzte nur noch wenige Monate zu leben hatten und ihre Krankheit dann aber doch in den Griff bekamen, sagen, dass sie, seitdem sie aus erster Hand erlebt haben, wie kurz das Leben ist, versuchen, jede Sekunde so gestalten, dass sie damit zufrieden sind, und nichts mehr auf die lange Bank schieben wollen. Wir möchten dir hier ein Gefühl von Dringlichkeit geben und dich dazu anstiften, dein Leben dahingehend zu verändern, dass du deine größten Wünsche und Träume in deinen Alltag integrieren kannst, solange du dazu in der Lage bist – mit anderen Worten: jetzt!

Verbringe Zeit mit der Familie oder mit Freunden, beginne den Job, der dich erfüllt und Spaß macht, ... – egal was, Hauptsache, tue es - jetzt!

> Welche drei Schlüsselerkenntnisse hast du aus diesem Denkzeug gewonnen? Bringe sie jetzt gleich auf den Punkt.

Meine aktuelle berufliche Zufriedenheit

> Wenn wir im Joballtag unzufrieden sind, konzentrieren wir unseren Blick meist auf die ein oder zwei maßgeblichen Aspekte, die uns frustrieren, und blenden alle übrigen Dinge, die unser Berufsleben vielleicht bereichern und zu unserem Glück beitragen, komplett aus. Wir sehen nur noch das, womit wir unzufrieden sind, und vergessen darüber, dass auch andere Bereiche wichtig sind und vielleicht sogar ganz gut laufen. Damit du deine berufliche Zufriedenheit optimieren kannst, ist es wichtig, alle Aspekte zu hinterfragen und herauszufinden, wo die größten Lücken sind.

Unser Worklife-Sensor führt dir deutlich vor Augen, wie du dein heutiges Berufsleben bewertest und wo die größten Lücken sind. Sehr schnell erkennst du die brennenden Bereiche, die dein Glücksgefühl beeinträchtigen. Folgende Bereiche gilt es dabei zu betrachten:

1. **Gesundheit/Fitness:** Wie gesund fühlst du dich - körperlich wie seelisch? Bist du in der gesundheitlichen Verfassung, um deine Pferdestärken optimal auf die Straße zu bringen, oder hast du das Gefühl, nicht mehr lange so weitermachen zu können, ohne gesundheitliche Schäden davonzutragen?
2. **Geld:** Hast du genug Geld, um deinen Lebensunterhalt zu bestreiten? Hast du Schulden, die dich belasten? Kannst du die Menschen, die dir wichtig sind, so unterstützen, wie du das gerne möchtest? Schaffst du es, etwas für deine Rente oder schlechte Zeiten beiseitezulegen, oder bist du am Monatsende abgebrannt? Findest du deinen Lohn angemessen für das, was du tust? Kannst du dir den Lebensstil leisten, der dir vorschwebt?
3. **Arbeitsmittel:** Hast du alle Arbeitsmittel zur Verfügung, die du brauchst, um deinen Job bestmöglich ausführen zu können? Fühlst du dich wohl und sicher an deinem Arbeitsplatz oder gefährden gewisse Dinge, wie z.B. ein schlechter Stuhl, mangelnde Beleuchtung, fehlerhafte technische Geräte, deine Arbeitsleitung und Gesundheit?
4. **Job-Sicherheit:** Hast du Angst, deinen Job zu verlieren? Müsstest du einen Abstieg in Kauf nehmen oder würdest du immer wieder leicht etwas Vergleichbares finden, weil du auf deinem Gebiet Experte bist? Fürchtest du eine längere Arbeitslosigkeit?
5. **Leistungsdruck:** Bist du den täglichen Anforderungen gewachsen oder fühlst du dich oft überfordert? Sind Überstunden die Regel?

Bist du in einer Position, die nicht deinen Talenten und Stärken entspricht? Oder musst du Aufgaben übernehmen, die nicht zu deiner Expertise zählen?

6. **Förderung/Unterstützung:** Bekommst du bei Fragen und Problemen Hilfe und Unterstützung? Werden deine Talente gefördert und ausgebaut? Kannst du auch bei privaten Problemen auf Rückhalt zählen?
7. **Anerkennung/Lob:** Wirst du für deiner Leistung ausreichend gelobt? Hast du das Gefühl, dass deine Arbeit wichtig ist, oder dass du mehr gesehen und anerkannt werden müsstest?
8. **Team/Kollegen:** Wie ist die Stimmung im Team? Steht Mobbing an der Tagesordnung oder trefft ihr euch auch mal nach der Arbeit privat? Kennst du deine Kollegen näher oder erträgst du deren Anwesenheit nur? Gibt es gemeinschaftliche Aktionen?
9. **Wertschätzung/Respekt:** Wie ist der Umgang mit Kollegen, Führungskräften, Chefs oder Mitarbeitern? Ist er von gegenseitiger Wertschätzung und Respekt geprägt oder fühlst du dich nicht wahr- oder ernst genommen?
10. **Freizeit:** Arbeitest du rund um die Uhr oder nimmst du dir bewusste Auszeiten, in denen du nicht an Arbeit, Geld oder Status denkst? Gönnst du dir Mußestunden, um deinen Hobbys nachzugehen oder einfach mal nur die Seele baumeln zu lassen? Hast du genügend Zeit für dich, deine Freunde und Familie?
11. **Emotionale Bindung:** Gehst du gern zur Arbeit und bist stolz, dort arbeiten zu dürfen? Möchtest du auch die nächsten Jahre gerne dortbleiben oder hast du innerlich schon längst gekündigt? Würdest du deinem besten Freund empfehlen, sich dort auch einen Job zu suchen?
12. **Aufgaben-/Zielklarheit:** Gibt es klare Handlungsanweisungen und vorgegebene Ziele, die zu erreichen sind? Stehst du persönlich hinter diesen Zielen und hältst du sie für sinnvoll und umsetzbar?
13. **Art der Tätigkeit/Aufgaben:** Erledigst du deine Aufgaben gerne und bist oft in einer Art Flow, also dass du vor Begeisterung sogar die Zeit übersiehst? Erkennst du einen tieferen Sinn hinter deinen Tätigkeiten?
14. **Spaß/Spannung:** Wie hoch ist dein Aktionspegel? Ist dein berufliches Leben eher öde oder spannend? Gibt es tolle Herausforderungen oder fühlst du dich gefangen im Alltag? Lachst du viel bei der Arbeit und hast meist gute Laune?
15. **Meine Werte leben:** Wie zufrieden macht deine Arbeit dich? Kannst du *deine* Werte und Standards intergieren oder hast du das Gefühl, dich komplett verbiegen zu müssen? Fühlst du dich

durch deine Arbeit bereichert oder eher gebremst? Kannst du oft nicht verstehen, was dort abläuft?

16. **Weiterentwicklung/Wachstum:** Erlebst du genügend Neues? Lernst du ausreichend hinzu und kannst du dich so weiterentwickeln, wie du dir das wünschst? Bist du ein Teil und Mitgestalter beim Wachstum des Unternehmens? Hast du den Raum, um über dich hinauszuwachsen?

Übung 2: Betrachte den Worklife-Sensor mit der Skala von 0 bis 10 zur Bewertung der einzelnen Bereiche. 0 ist an der Radnabe innen und steht für einen niedrigen Zufriedenheitsgrad, 10 ist am äußeren Rand der einzelnen Speichen und steht für einen sehr hohen Zufriedenheitsgrad. Wir empfehlen, dir diese Grafik zu kopieren, bevor du startest, damit du sie immer wieder verwenden kannst. Wenn du bereit bist, höre tief in dich rein und erspüre deine Zufriedenheit in jedem Bereich. Solltest du aktuell keinen Job haben, bewerte deinen letzten Job.

Setze dann mit einem farbigen Stift jeweils an der Stelle einen Punkt, wo du glaubst, dass sie deinen gegenwärtigen Zufriedenheitsgrad markiert. Du kannst auch verschiebbare Steinchen nutzen oder besser noch kleine Pfefferminzdrops, die die Bearbeitung versüßen, und so lange nachregulieren, bis es für dich stimmt ist. Das Schieben hat den entscheidenden Vorteil, dass es noch mehr Selbstehrlichkeit hervorruft.

Zähle nach Bewertung aller Bereiche deine Werte zusammen, teile die Summe durch 16 und schreib das Ergebnis neben dein Rad. Das ist dein aktueller Zufriedenheitswert. Ein Durchschnittswert im Bereich 6 und niedriger zeigt nach unserer Erfahrung, dass man bereits innerlich gekündigt hat und vor dem Absprung steht, vor allem wenn „Emotionale Bindung", „Spaß/Spannung", "Meine Werte leben" niedrig sind.

Oft verharrt man unbewusst aufgrund der hohen Speichenwerte, die man nicht aufgeben will, weiter in seinem Job, obwohl man insgesamt längst nicht mehr zufrieden und gestresst ist. Aber je mehr brennende Themen es gibt und je niedriger der Durchschnittswert ist, wie realistisch ist es da, diese in einem überschaubaren Zeitraum alle nach oben zu kriegen, so dass der Job irgendwann wieder volle Freude macht? Wie lange kann man das aushalten?

Datiere zum Schluss deinen Worklife-Sensor und verbinde entweder die eingezeichneten Punkte mit Linien oder mache mit deinem Handy ein Foto davon, wenn du geschoben hast, um es festzuhalten.

Denkzeuge® 360° Worklife-Sensor - heutiges Datum _____

Du verfügst jetzt über ein Abbild deiner Zufriedenheit, auf dessen Basis es wesentlich leichter sein wird, die Zufriedenheit in deinem Berufsleben zu optimieren.

Betrachte nun deinen Worklife-Sensor und stell dir vor, es wäre ein Einrad, mit dem du in die Zukunft fahren möchtest. Was wäre das für eine Fahrt? Eine holprige oder eine ruhige?

_____

Übung 3: Werde dir jetzt genau bewusst darüber, wo deine Lücken sind, aber auch, was deine Ressourcen sind. Überlege dir in Ruhe, was genau dahintersteckt.

Übertrage die Werte in die zweite Spalte der Tabelle. Trage in der vierten Spalte bei jedem eingerückten Bereich ein, was dir fehlt und was du dir stattdessen wünschst. Nimm dir aber nicht nur die stark eingerückten Bereiche ins Visier, sondern auch die mit einem Wert von 8-10. Warum? Dies sind wichtige Ressourcen in deinem Berufsleben, die du dir bewahren solltest, weil sie dich stärken und du auf diesen aufbauen kannst. Oft nimmt man das Positive als selbstverständlich hin und merkt erst nach einer Veränderung, was dabei alles Gute verloren gegangen ist. Mache sie dir daher bewusst und achte deshalb darauf, dass du dir diese Ressourcen bewahrst.

Markiere abschließend den Bereich, der dir am wichtigsten ist, mit einem Stern und trage in der dritten Spalte bei „Wichtigkeit" eine „1" ein. Nummeriere danach alle anderen der Wichtigkeit nach ein.

Bereich	Wert	Wie Wichtig?	Das fehlt mir, will ich stattdessen, will ich bewahren
Gesundheit/ Fitness			
Geld			
Arbeitsmittel			
Job-Sicherheit			
Leistungsdruck			
Förderung/ Unterstützung			
Anerkennung/ Lob			

Team/Kollegen			
Wertschätzung/ Respekt			
Freizeit			
Emotionale Bindung			
Aufgaben-/ Zielklarheit			
Art der Tätigkeit			
Spaß/Spannung			
Meine Werte leben			
Weiterentwicklung/ Wachstum			

Jetzt weißt du, was dir wichtig ist im Jobleben und was du alles brauchst, um glücklich zu sein.

Wichtig: Mache jetzt bitte nicht den Fehler, zu sagen, das ist unmöglich, sondern bleibe unbedingt dran!!!

Wir empfehlen dir, spätestens an jedem Geburtstag den Sensor neu einzuzeichnen und es mit dem der/s Vorjahre(s) zu vergleichen, um zu sehen, wie stark du dich verbessert hast.

Welche Stufe der Bedürfnispyramide hast du schon erreicht?

Wir haben hier einmal alle 16 Bereiche auf die Stufen der Maslowschen Pyramide platziert. Gemäß seiner Theorie orientieren wir unsere Bedürfnisbefriedigung in der Reihenfolge von unten nach oben. Für viele ist erst mal wichtig, ein Dach über dem Kopf zu haben, ausreichend Essen zu haben und einen Job zu betreiben, der das Überleben sichert.

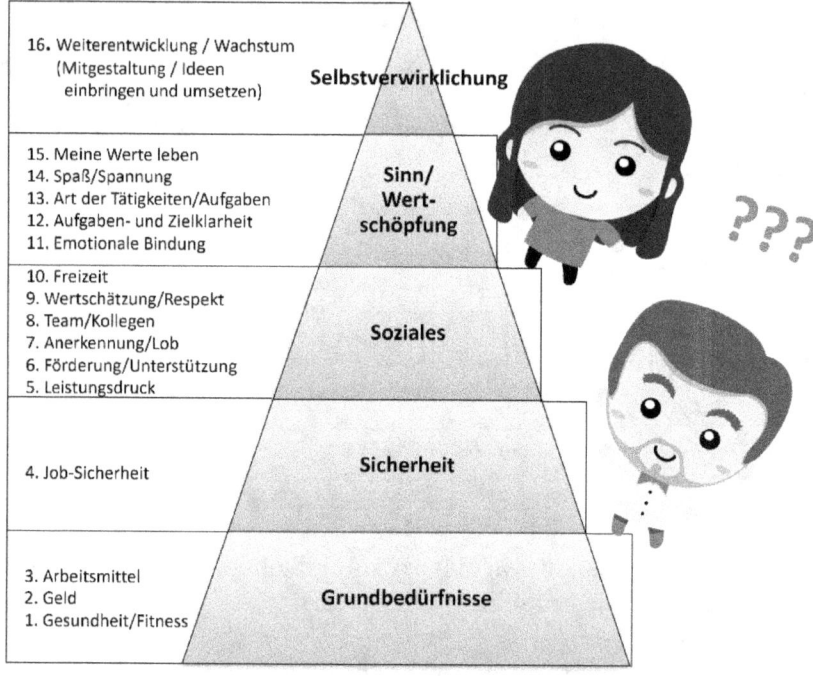

Wir haben festgestellt, dass viele Menschen bereits nach Erreichen der ersten Ebene (Grundbedürfnisse) inaktiv werden. Haben sie erst mal einen Job, der die wichtigsten Grundbedürfnisse abdeckt, wandeln sich die nächsten auftauchenden Bedürfnisse sehr schnell in Ansprüche. Die Erwartung, dass z. B. für die Jobsicherheit gesorgt wird, ist größer als dann selbst dafür zu sorgen. Aber genau in diesem Moment bringt man sich selbst in die Opferrolle und gibt jede Verantwortung des Handelns ab. Das heißt, wenn du es schaffst, dich in deiner Position unentbehrlich zu machen, wird dein Bedürfnis nach Job-Sicherheit automatisch kein großes Problem mehr darstellen.

Gerade in der heutigen Zeit ist das wichtiger denn je. Denn wo früher unsere Eltern noch ihr komplettes Berufsleben bei einem einzigen Arbeitgeber verbrachten, wird es immer selbstverständlicher, alle paar Jahre die Stelle zu wechseln.

Übernehme selbst die Verantwortung dafür, wie zufrieden du auf der jeweiligen Ebene bist.

Übung 4: Frage dich: Auf welcher Stufe dieser Pyramide stehst du gerade? Wie weit warst du zuvor schon maximal?

> Welche drei Schlüsselerkenntnisse hast du aus diesem Denkzeug gewonnen? Bringe sie jetzt gleich auf den Punkt.

Das hat mir bereits geholfen

> Vielleicht kennst du bereits einige Instrumente aus der Vergangenheit, die dir geholfen haben, zum Beispiel Tagebuch führen, andere Ratgeberbücher lesen, Seminare oder Workshops besuchen, Coaching, meditieren, Einkehr-Tage absolviert oder du hast dich mit dem Feedback von Familie, Freunden, Kollegen oder Beratern beschäftigt. Das folgende Denkzeug hilft dir, dir diese Instrumente und den gewonnenen Nutzen erneut bewusst zu machen.

Eine japanische Weisheit besagt, dass denen keine Grenzen gesetzt sind, die sie nicht einfach hinnehmen. Indem du dich mit deiner momentanen Situation nicht zufriedengeben, unser Buch gekauft hast und offen dafür bist, dich weiterzuentwickeln, gehörst du ganz sicher zu dieser Gruppe. Sich dabei in Form von Ratgeberbüchern, Seminaren etc. Unterstützung zu holen, ist nicht etwa ein Zeichen von Schwäche, sondern genau das Gegenteil.

Thomas Woodrow, der 28. Präsident der Vereinigten Staaten, erklärte seinen Erfolg unter anderem mit der Strategie, dass er das Gehirn, das er besitzt, nicht nur benutzt, sondern sich zusätzlich borgt, was er bekommen kann.

Auch wir setzen für unser Weiterkommen gerne die unterschiedlichsten Methoden und Tools ein - nicht immer nur unsere eigenen. Manche sind so genial, dass wir sie immer wieder hernehmen und uns jedes Mal dran erfreuen. Andere sind so oberflächlich, dass so gut wie kein Erkenntnisgewinn stattfindet. Aber das macht nichts, denn auch wenn wir erkennen, was nicht funktioniert, hilft uns das weiter.

Daher möchten wir dich jetzt dazu ermutigen, in deiner Schatzkiste zu kramen und das, was sich in der Vergangenheit bereits für dich bewährt hat, noch einmal hervorzuholen und erneut zu reflektieren.

Übung 5: Notiere deine Antworten in den Zeilen.

1. Welche Methoden hast du in der Vergangenheit genutzt, um dich selbst besser kennenzulernen und weiterzukommen?

   _____

   _____

2. Welchen Nutzen hast du aus diesen Methoden gezogen und kannst du eventuell weiter daraus ziehen?

   _____

   _____

3. Was genau hat sich deswegen in deinem Leben schon zum Positiven verändert?

   _____

   _____

Welche drei Schlüsselerkenntnisse hast du aus diesem Denkzeug gewonnen? Bringe sie jetzt gleich auf den Punkt.

Der 6-Schritte-Workshop

Was bringe ich mit?

Meine Fähigkeiten, Stärken & Talente

Jeder Mensch hat ein besonderes „Stärkenpaket" in Form von Fähigkeiten, Begabungen und Talenten. Menschen mit einem hohen Selbstwertgefühl sind sich dieses Pakets meist bewusst und setzen es gezielt ein. Oft sind sie deswegen auch erfolgreicher als andere. Menschen mit einem niedrigen Selbstwertgefühl hingegen reden sich selbst gerne klein und trauen sich kaum auf die Straße. Egal, zu welcher Gruppe du gehörst - um deine wahre Berufung herauszufinden, ist es jetzt auf jeden Fall erforderlich, dein Stärkenpaket herauszuarbeiten, zu verstehen und einzusetzen. Mit der letzten Frage am Ende dieses Schritts ziehst du eine Stärkenbilanz aus allen Einzelfragen und bildest damit die Basis für dein weiteres berufliches Wirken.

Die eigenen Fähigkeiten, Stärken und Talente nicht genau zu kennen, hat oft schwerwiegende Konsequenzen im beruflichen Bereich, denn wenn du nicht weißt,

- worin du gut bist,
- welche deiner Fähigkeiten, Stärke und Talente du gerne einsetzt,
- wohin du damit gehen willst,

wirst du folglich auch nirgendwo ankommen. Aber es kann noch weitere Nachteile im beruflichen Bereich für dich geben, wenn du dich deiner Stärken nicht bewusst bist:

- Du suchst dir deine Jobs nicht anhand deines Stärkenpakets aus, sondern folgst Gelegenheiten, die sich ergeben. Dabei besteht die Gefahr, einer uninteressanten Arbeit nachgehen zu müssen oder zu wenig bezahlt zu bekommen, weil du bei der Bewerbung vielleicht zu unsicher warst und nicht genau ausdrücken konntest, worin du Experte bist.
- Du hast ständig Angst um deinen Job, weil du denkst, du wärst leicht zu ersetzen. Bist du dir aber deiner Einzigartigkeit bewusst, kannst du den Spieß umdrehen und dich unersetzlich machen. Dann wird ein Arbeitgeber plötzlich von *dir* abhängig sein, und du brauchst keine Angst mehr davor zu haben, deinen Job zu verlieren.

- Du möchtest dich selbstständig machen und kannst dich ohne dieses Wissen auf dem Markt nicht optimal positionieren, weshalb deine Kunden deinen Nutzen nicht erkennen und deine Leistungen nicht beanspruchen.
- Du bist Hausfrau/-mann, Rentner, Arbeitsloser oder Sozialhilfeempfänger, bekommst in deinem Dasein und Tun nur selten Lob und Anerkennung und hast vielleicht das Gefühl, wertlos zu sein. Da kann sich obendrein ein Wiedereinstieg ins Berufsleben schwierig gestalten, wenn du nicht genau weißt, was du Wertvolles mitbringst.

Unserer Erfahrung nach bringt es wesentlich mehr, sich darauf zu konzentrieren, seine Fähigkeiten, Stärken und Talente weiter auszubauen, anstatt seine vermeintlichen Schwächen abzubauen. Aber noch wichtiger ist es, dass du dieses Wissen über deine Stärken nicht nur passiv anhäufst, sondern auch aktiv nutzt.

Einer unserer Freunde, der schnelle Autos liebt, drückte diese Erkenntnis einmal recht treffend aus: „Pferdestärken allein zu haben reicht nicht, wenn du sie nicht auf die Straße bringst."

In dieser ersten Übung legst du eine Liste deiner Fähigkeiten, Stärken und Talente an. Dazu genügen bereits ein paar einfache Fragen. Womöglich traust du dich noch nicht sofort, alle Stärken an die Oberfläche kommen zu lassen.

Vielleicht wirst du deine Zeit brauchen, um zu deinem ganzen Stärkenpaket stehen zu können. Aber das macht nichts. Fange einfach damit an. Du wirst sehen, je mehr du es zulässt, desto besser wirst du dich fühlen und desto näher werden deine Ziele und Träume rücken.

Wenn du beispielsweise gerne und gut schreibst und davon träumst, Autor/in zu werden, hieße das in der Praxis, nicht weiter darauf zu warten, bis du dich perfekt dafür fühlst, sondern sofort loszulegen, jeden Tag ein paar Zeilen oder Seiten zu schreiben und vielleicht schon mal über einen Blog deiner Zielgruppe zu zeigen.

Übung 6: Finde dein Stärkenpaket heraus.

- Beginne mit deinen Fähigkeiten, Stärken und Talenten, die dir spontan einfallen und schreibe sie auf. Verwende am besten gleich ein extra Blatt Papier, damit dir der Platz nicht ausgeht.
- Schreibe wirklich alles auf, auch wenn es dir zunächst unbedeutend oder selbstverständlich erscheint oder erst mal nur einen privaten oder Hobby-Anschein hat (wie z. B. sportliche Fähigkeiten oder trösten, zuhören, Computer konfigurieren etc.)
- Erst wenn dir nichts mehr einfällt, lese die anschließenden Fragen durch. Dabei werden dir sicher noch weitere einfallen, die du auf deiner Liste ergänzt. Du solltest mindestens auf 30 (!) Stärken kommen.

1. Welche Stärken fallen dir, ohne groß nachzudenken, ein (wissbegierig, logisches Denken, Pragmatismus, Durchhaltevermögen, sparsam, zielstrebig, tanzen, innovativ, motivierend …)? Du kannst dafür gern zwischen Verben, Adjektiven und Substantiven variieren.

   _____

   _____

   _____

2. Welche Talente wurden dir in die Wiege gelegt (z. B. Singen, Kreativität, Empathie, handwerkliches Geschick, Mut, Forschergeist, Kampfgeist, Beweglichkeit, Schreiben …)?

   _____

3. Welche Fähigkeiten, Fertigkeiten, Kenntnisse und Wissen hast du dir im Laufe deines Lebens angeeignet (kochen, tanzen, programmieren …)?

   _____

4. Was beherrschst du fast im Schlaf, ohne groß darüber nachdenken zu müssen (z. B. Autofahren, Einradfahren, Tippen, Programmieren, Klavier spielen ...)?

　_____

5. Wo warst du schon erfolgreich und konntest damit deine Fähigkeiten unter Beweis stellen (z. B. schreiben, Gruppen leiten, Konflikte schlichten, ...)?

　_____

6. Worin besitzt du schon eine Fachkompetenz und könntest dich zum glaubwürdigen Experten entwickeln (Elternpflege, künstliche Intelligenz, ...)?

　_____

7. Bei welchen Tätigkeiten vergisst du regelrecht die Zeit und alles um dich herum?

　_____

8. Welche Themen faszinieren dich nachhaltig, ziehen dich magisch an (beispielsweise bei Reportagen im Fernsehen, Berichten in Zeitschriften etc.) und bereichern dein Wissen?

　_____

9. Welche Abteilung besuchst du im Buchladen als Erstes? Welches Fachgebiet interessiert dich wirklich und wo lernst du immer mehr dazu?

　_____

10. Wenn du über dein Lieblingsthema heute eine Präsentation halten würden, wie würde sie lauten?

   _____

11. Bei welchen politischen Themen diskutierst du immer gern mit?

   _____

Welche drei Schlüsselerkenntnisse hast du aus diesem Denkzeug gewonnen? Bringe sie jetzt gleich auf den Punkt.

Noch mehr Stärken

> Oft gehen Menschen auf einen zu, weil sie sehen, dass man in einem bestimmten Bereich besonders begabt ist und etwas außerordentlich gut kann. Um dein Stärkenpaket weiter zu definieren, können dir diese Hilfegesuche, Bitten und Lobeshymnen von anderen wichtige Hinweise geben, um deine Stärkenliste weiter zu ergänzen und dein einzigartiges Paket an Fähigkeiten, Stärken und Talenten zu komplettieren.
> Des Weiteren gibt es auch viele Ereignisse in unserem Leben, bei denen vorhandene Stärken ganz besonders gefordert und weiter gestärkt werden oder auch ganz neue Stärken in uns erwachsen.

Warum andere zu dir kommen
Ergänze, welche weiteren Fähigkeiten, Stärken und Talente von Anderen an dir wahrgenommen werden. Sprich die entsprechenden Menschen in deinem Umfeld ruhig dafür an. Du wirst staunen, was du alles zu hören bekommst.

Übung 7: Lese dazu die Fragen durch und ergänze mit den Antworten deine begonnene Stärkenpaketliste.

1. Was lieben dein Partner, deine Eltern, Kinder, Freunde, Kollegen an dir?

   _____

2. Wer hat dich schon einmal (unerwartet) gelobt? Wofür?

   _____

3. Warum kommen andere auf dich zu? Was können sie von dir brauchen?

   _____

4. Weswegen sind andere schon mal neidisch auf dich gewesen oder könnten es gewesen sein, weil du etwas besonders gut oder besser kannst?

   _____

5. Worin würden dich dein Partner, deine Eltern, Kinder, Freunde, Kollegen als Experte bezeichnen?

   _____

6. Worin sehen andere dich als unersetzlich?

   _____

7. Wer hat dich in der Vergangenheit schon einmal für deine Dienste bezahlt? Warum?

   _____

Wie andere dich stärken

Nutze dein Umfeld noch weiter, um deine Stärken ans Tageslicht zu bringen. Diesmal mit den Menschen, die für dich wichtig sind und die dir durch ihre Taten und Worte geholfen haben, dass du dich selbst positiver siehst oder stärker zum Ausdruck bringst.
Auch Gruppen oder Organisationen können bestimmte Komponenten in dir gestärkt haben, deren du dir noch nicht oder kaum bewusst warst.

Übung 8: Trage in der folgenden Tabelle Personen oder Gruppen ein, die größte Wichtigkeit für dich besitzen. Schreibe daneben die Eigenschaften oder Aspekte, die von diesen Personen oder Gruppen in dir gestärkt wurden oder immer noch werden.

Name	Das wurde in mir gestärkt

Deine Stärken unter starkem Stress

Es gibt einige Stärken, auf die wir uns auch in Krisenzeiten und unter starkem Stress verlassen können. Dazu zählen beispielsweise Selbstvertrauen, Lebenswille, Verantwortungsgefühl, Verdrängung oder auch ein guter Fluchtinstinkt, um während Krisenzeiten ruhig zu bleiben, sie zu bewältigen und gut zu überstehen.

Übung 9: Erstelle eine Liste der größten Stressmomente (Kündigung, privater Schicksalsschlag, Partner trennt sich…), denen du bisher ausgesetzt warst, und frage dich: „Auf was habe ich mich verlassen, um die Herausforderungen bewältigen zu können?"

Meine größten Stressmomente / Herausforderungen	Meine Stärken und Stützen

Deine Stärken bei fundamentalen Entscheidungen

Bei allen Entscheidungen im Leben müssen wir mit Konsequenzen rechnen, die uns mehr oder weniger herausfordern und für den Umgang damit verschiedene Stärken erfordern.
Beispiele sind die Entscheidung zu studieren, einen bestimmten Beruf zu ergreifen, zu heiraten, ein Kind zu bekommen, sich scheiden zu lassen, in eine andere Stadt oder ein anderes Land zu ziehen etc.

Übung 10: Erstelle eine Liste mit Entscheidungen, die dich sehr gefordert haben und die du dank deiner Stärken gut gemeistert hast.

Entscheidungen, die mich gefordert haben	Dank dieser Stärken konnte ich folgende Konsequenzen meistern

Welche drei Schlüsselerkenntnisse hast du aus diesem Denkzeug gewonnen? Bringe sie jetzt gleich auf den Punkt.

Meine Stärkenbilanz

> Inzwischen hast du sicherlich eine beachtliche Liste an Fähigkeiten, Stärken und Talenten angesammelt. Damit nichts davon verloren geht, bringen wir sie hier auf den Punkt, ziehen Bilanz und schnüren dein einzigartiges Stärkenpaket. Bewahre diese Bilanz an einer Stelle auf, wo du sie immer sehen kannst. Sie wird dich dauerhaft stolz machen und dir Kraft geben.

Übung 11: Deine persönliche Stärkenbilanz. Gehe jetzt nochmal durch alle Aufzeichnungen aus diesem Schritt.

1. Markiere die Stärken, auf die du besonders stolz bist und die du in deinem weiteren Jobleben unbedingt einsetzen möchtest, mit einem Textmarker. Achte dabei auch auf Wiederholungen. Diese sind ein deutliches Zeichen für besonders intensive Stärken.
2. Ziehe jetzt Bilanz zu deinen Stärken, indem du in ganzen Sätzen dein persönliches Paket formulierst. Beginne die Sätze mit „Ich bin …", „Ich tue …", „Ich kämpfe für …", „Ich kann …", „Ich habe …" usw.
3. Lese die Stärkenbilanz jemandem laut vor (bitte diese Stufe auf keinen Fall auslassen, denn das ist ganz wichtig für dein Selbstwertgefühl!).
4. Versehe deine Liste mit dem heutigen Datum und füge hinzu: „Das bin ich heute ☺!" Setze deine Unterschrift darunter und freue dich darüber, was du alles draufhast.

Michaelas Erfahrungen mit der Stärkensammlung: *„Ich spüre noch heute die Emotionen, die in mir hochkamen, als ich in einem Gruppenworkshop diese Übung zu meinen Stärken machen sollte. Ein Thema, das mir eigentlich schon vertraut war, da ich es bereits von vielen Büchern in meiner Ausbildung kannte. Ein leichtes Spiel, dachte ich. Aber diese Übung hatte es in sich. Mir war bewusst, dass mein Selbstwertgefühl nicht gerade stark war und ich ständig an mir selbst herummeckerte. Aber dass es daran so sehr mangelte und letztlich eine der Hauptursachen für meinen Beinahe-Burnout war, wurde mir erst in den nachfolgenden Stunden so richtig klar. Als erste Aufgabe sollten wir im Kopf 30 Stärken sammeln. 30! Puh – da hatte ich schon zu* *kämpfen. Fünf bis zehn gehen ja noch, aber 30? War das nicht ein wenig übertrieben oder gar überheblich? Aber gut. Ich versuchte es und ich blieb – wie erwartet – schon nach ungefähr zehn stecken. Die Übung war mir peinlich. Ich wollte nicht wie ein aufgeblasener arroganter Möchtegern rüberkommen. So viele Stärken besaß ich nun wirklich nicht.*

Aber es ging noch weiter. Als Nächstes sollten wir alle 30 Stärken auf ein Blatt schreiben. Uff – da kam ich wirklich ins Schleudern. Jetzt auch noch alles schwarz auf weiß niederschreiben! Das war zu viel. Meine Trainerinnen merkten es und kamen mir zu Hilfe. Schließlich gelang es ihnen, mir mit ihren liebevollen Fragen noch zwei, drei weitere Stärken zu entlocken. Aber innerlich spürte ich schon den gewaltigen Kampf mit mir selbst. Ich dachte nur: ‚Michaela, reiß dich zusammen, es ist nur eine Übung und gleich ist alles vorbei!'

Leider war meine Hoffnung vergeblich. Die Übung gipfelte darin, die 30 Stärken vor der ganzen Gruppe laut und selbstbewusst vorzulesen. Ich spürte, wie sich mein Hals zuschnürte. Um sie zu unterdrücken und mir nichts anmerken zu lassen, ließ ich erst einmal den anderen den Vortritt. Als ich aber sah, wie locker es den meisten anderen über die Lippen ging, war es aus mit mir. Alles drehte sich in meinem Kopf. Sobald ich an der Reihe war, versagte meine Stimme bereits bei der zweiten Stärke - nichts ging mehr. Tränen kullerten über mein Gesicht. Ich konnte es nicht verhindern. Die Übungsstunde war damit beendet.

Im anschließenden Gespräch mit den Trainerinnen wurde mir dann einiges klar. Durch mein mangelndes Selbstwertgefühl hatte ich in der Vergangenheit immer dienstbereit alle Aufgaben und Verantwortung auf mich genommen, in der Hoffnung, dafür Anerkennung und Liebe zu ernten. Aber tatsächlich fehlte mir am meisten, dass ich mich selbst anerkannte und liebte. Der schriftliche Stärkenpakt mit mir selbst, das ich anschließend als Übung in Olivers erster „Alles anders"-Auflage fand, half mir Schritt für Schritt, meine Stärken zu entdecken, sie stolz anzunehmen und somit mein Selbstwertgefühl nachhaltig zu steigern. Heute weiß ich ziemlich genau, was ich kann, wo meine Grenzen liegen und worauf ich aufpassen muss. Ich habe gelernt, mich selbst wertzuschätzen, auf mich zu achten und zum rechten Zeitpunkt Nein zu sagen – auch wenn es mir manchmal noch schwerfällt. Aber zumindest weiß ich jetzt, warum es mir schwerfällt – und das hilft mir sehr."

> Welche drei Schlüsselerkenntnisse hast du aus diesem Denkzeug gewonnen? Bringe sie jetzt gleich auf den Punkt.

Der 6-Schritte-Workshop

Was ruft in mir?

Wie ich mich selbst sehe

Dieser Schritt ist einer der Wichtigsten des ganzen Workshops. Er erschließt dir eine neue Dimension der Selbstkenntnis und bringt das, wie du von innen heraus bist, an die Oberfläche. Wenn möglich, solltest du dir für diesen Schritt einen ganzen Tag Zeit nehmen und in die Tiefe gehen. Falls das nicht geht, lese unbedingt vorher durch, was du zu den bisher beantworteten Fragen jeweils geschrieben hast, bevor du wieder neu ansetzt, um an deine Gedanken und Gefühle anzuknüpfen.
Achtung: Solltest du bei dieser Übung aufgrund von zu starken Minderwertigkeitsgefühlen nicht weiterkommen und in ein tiefes Loch fallen, empfehlen wir dir dringend, dir persönliche Begleitung zu holen (auf unserer Webseite https://denkzeuge.com/Coaches findest du gut ausgebildete Topcoaches)!

Oft verstehen wir unser Innerstes nicht, weil weder wir selbst noch die Menschen in unserem Umfeld achtsam genug sind. Häufig wählen wir einen Beruf, den unsere Eltern als sicher empfinden, der aber überhaupt nichts mit unseren ureigenen Talenten oder unserer wahren Leidenschaft zu tun hat. Wir versuchen, fremde Erwartungen zu erfüllen, ohne uns dessen bewusst zu sein. Dieser Erwartungsdruck hält uns davon ab, so zu sein und zu leben, wie wir wirklich sind. Mit diesem Denkzeug bekommst du einen tieferen Einblick auf das Bild, das du selbst von dir zeichnest.

Du hast jetzt bereits viele deiner Fähigkeiten, Stärken und Talente gesammelt. Jetzt gehen wir noch ein Stückchen tiefer, lauschen aufmerksam und versuchen zu hören, was unsere inneren Stimmen uns sagen wollen.

Übung 12: Mache dir Gedanken zu den folgenden zehn Persönlichkeitsaspekten und schreibe sie in der nachfolgenden Tabelle oder deinem Heft auf:
1. **Wie ich mich heute sehe:** Schreibe all deine _Eigenschaften_ auf, die du heute besitzt. Notiere aber *nur die, die du liebst* und von denen *du selbst* - und nicht andere - im Innersten überzeugt bist, dass du *sie hast*. Dabei macht es gar nichts, wenn sich einige aus dem vorherigen Schritt wiederholen.

2. **Wie ich tagtäglich lebe:** Schreibe auf, wie du dich verhältst, wenn du *natürlich* und *unangestrengt* bist.
3. **Mein Herz:** Schreibe über den Einfluss, den dein Wesen und deine Art mitzufühlen, jeden Tag auf dich selbst und andere Menschen hat.
4. **Meine Gefühle/meine Sensibilität:** Schildere, wie sensibel und emotional du auf gewisse Dinge reagierst. Beschreibe die Gefühle, die du gegenüber dir selbst und anderen hegst.
5. **Meine Intelligenz:** Beschreibe, für wie intelligent du dich hältst und inwiefern du glaubst, dass deine Intelligenz dich weiterbringt oder behindert.
6. **Mein Durchsetzungsvermögen:** Beschreibe, wann und wie gut du Energien mobilisieren und diese für dich und andere nutzbar machen kannst. Für wie durchsetzungsstark hältst du dich im Vergleich zu anderen?
7. **Meine Beziehungen zu anderen:** Beschreibe, wie gut du in der Lage bist, Beziehungen zu den Menschen in deinem Umfeld aufzubauen und zu unterhalten, und welchen Einfluss diese Beziehungen auf dich haben.
8. **Meine innere Freiheit:** Beschreibe deine Abhängigkeit oder Unabhängigkeit von den Dingen und Menschen in deiner Umgebung. Wie frei bist du wirklich? Würdest du dich eher als selbstbestimmt oder fremdbestimmt beschreiben?
9. **Meine Beziehung zu einer höheren Macht:** Wie ist deine Beziehung, zu einer höheren Macht (Gott, Buddha, die Kraft der Natur etc.), falls du eine hast? Wie erlebst du diese Beziehung und ihre Auswirkungen? Gibt sie dir die Antworten, die du suchst? Was wird in dir gestärkt oder?
10. **Was ich tue:** Schreibe auf, welche maßgeblichen Eigenschaften du in deinem Tun unterstützt, oder andersherum verhinderst, das zu erreichen, was du dir wünschst? Wie verhältst du dich, wenn etwas deinen Erfolg sabotiert oder dir bei der Erreichung deiner Ziele hilft?

Gehe alle zehn Persönlichkeitsaspekte nacheinander durch und trage deine Antworten in die folgende Tabelle ein. Wichtig ist, dass du so weit wie möglich in die Tiefe gehst. Mache dir keine Sorgen über deinen Stil oder sich wiederholende Eigenschaften. Rechne damit, dass du länger als eine Stunde für die Bearbeitung dieser Frage brauchen.

Persönlichkeitsaspekt	Meine Beschreibung
Wie ich mich heute sehe	
Wie ich tagtäglich lebe	
Mein Herz	
Meine Gefühle/meine Sensibilität	
Meine Intelligenz	
Mein Durchsetzungsvermögen	
Meine Beziehungen zu Anderen	
Meine innere Freiheit	
Meine Beziehung zu einer höheren Macht	
Was ich tue	

Welche drei Schlüsselerkenntnisse hast du aus diesem Denkzeug gewonnen? Bringe sie jetzt gleich auf den Punkt.

Meine inneren Motive & Antriebskräfte

Wir alle haben innere Antriebskräfte, oder wie wir sie nennen – „innere Motive", die uns mehr oder weniger stark in unterschiedliche Richtungen lenken und die in ständiger Wechselwirkung miteinander stehen. Unsere inneren Motive sind es, die uns motivieren, gewisse Dinge zu tun oder nicht zu tun, uns bei unseren Entscheidungen steuern, unsere Grenzen stecken und unsere Außenwelt spüren lassen, wie wir ticken. Hinter ihnen stecken unsere ganz persönlichen Werte, Motivationen, Wünsche und Bedürfnisse, sowie unsere individuellen Erwartungen und Ansprüche - an uns selbst, aber auch an andere. Sie sind immer dann im Spiel, wenn wir uns über etwas aufregen oder frustriert sind, aber auch, wenn wir glücklich sind und alles rund läuft. Meist sind wir uns – wenn überhaupt - nur über zwei oder drei Motive bewusst, aber auch nur dann, wenn sie sehr stark sind und wir uns selber kritisch beobachten. Mit dieser Übung findest du heraus, was dich am meisten ausbremst, aber vor allem auch, was dich von innen heraus antreibt und aus dir heraus im wahrsten Sinne des Wortes ruft.

Manche Menschen haben gleich eine Vielzahl hoch ausgeprägter innerer Motive und rennen mit Vollgas durchs Leben, manchmal überwiegend leistungsorientiert- diese wollen dann vor allem erfolgreich sein, manchmal überwiegend menschorientiert – diese wollen alles für andere Menschen tun, manchmal auch ein Mix davon. Darunter findet man oft Vertriebsleute, Führungskräfte und Unternehmer.

Andere widerum haben eine mittlere Ausprägung und gehen dadurch eher entspannt mit Herausforderungen um. Alles hat seine Berechtigung und ist weder gut noch schlecht. Solange man mit sich und seinem Leben glücklich und zufrieden ist, gibt es auch keinen Grund, an seiner Ausprägung etwas zu verändern. Erst, wenn das Leben oder der Job aus der Balance gerät und einen dauerhaften Frust erzeugt, ist es an der Zeit, seine Ausprägung genauer unter die Lupe zu nehmen und zu überlegen, wo es genau hakt. Dann hat man die Wahl, ob man

a. seine Antriebskräfte neu justieren möchte und bestimmte innere Motive nach oben oder unten korrigiert, um das eigene Verhalten zu verändern und sich anzupassen, oder
b. das bestehende System (Arbeitgeber, Partner, Freunde ...) verlässt, weil man sich einfach nicht länger verbiegen will.

Viele stark ausgeprägte Motive zu haben, kann einerseits dazu führen, dass man die Karriereleiter schneller nach oben klettert; andererseits kann es aber auch zu Konflikten mit denjenigen führen, die mit den hohen Ansprüchen und Erwartungen nicht Schritt halten können.

Hat man beispielsweise einen hohen Drang, sich weiterzuentwickeln, muss aber ständig nur Routinearbeiten erledigen, frustriert das und raubt Energie. Aber nicht nur die Stärke der inneren Motive ist dabei zu beachten, sondern auch die Kombinationen der Motive miteinander. Jede Kombination erzeugt eine einzigartige Dynamik, wobei sich die inneren Motive gegenseitig beeinflussen.

Wir könnten an dieser Stelle ganze Bücher mit Beispielen füllen, aber es geht uns ja vornehmlich darum, deiner Berufung auf die Spur zu kommen. Deshalb konzentrieren wir uns jetzt darauf.

Schaue dir jetzt die Ausprägung deiner 20 inneren Motive an und bringe diese mit deinem Berufsalltag in Verbindung. Wenn du in Übereinstimmung mit diesen Werten lebst und arbeitest, bist du automatisch glücklich. Manchmal zwingen uns äußere Faktoren aber dazu, uns in einer Weise zu verhalten, die dem inneren Willen entgegensteht. Etwa wenn dein Chef dich bittet, ständig Routinearbeiten zu erledigen, du aber die Abwechslung und Kreativität liebst.

Jedes Mal, wenn ein inneres Motiv und ein von Herzen gefühltes Bedürfnis von den tatsächlichen Alltagsanforderungen stark abweicht, musst du dich von deinen Werten und deinem inneren Antrieb verabschieden. Oder du kannst entweder adieu sagen oder deinen Antrieb und dein Verhalten ändern, um glücklich zu werden. Letzteres ist vor allem dann empfehlenswert, wenn das eine oder andere Motiv einen immer wieder im Leben ausbremst.

Übung 13: Innere-Motiv-Analyse (IMA©) Profil erstellen.

Erstelle mit Hilfe der Tabelle zwei vertikale Graphen, die veranschaulichen, wie sehr du deinem innersten Drang im Alltag nachgeben kannst. Die Übereinstimmung zwischen Antrieb und tatsächlicher Handlung ist so auf einen Blick ablesbar. Falls du bei dieser Übung auf Abweichungen stößt, hast du einen ersten Grund für deine Unzufriedenheit gefunden.

Erster Durchgang
1. Lese die Liste mit den inneren Motiven erst vollständig durch.
2. Betrachte jedes einzelne Motiv und platziere mit einem **Stift** ein Sternchen entsprechend der Wichtigkeit für dich: 0 = überhaupt nicht wichtig, 1 = manchmal wichtig, 2 = neutral, 3 = meistens wichtig, 4 = immer wichtig.
3. Verbinde die Sternchen von oben nach unten mit einer **Linie**. Auf diese Weise entsteht eine Zickzacklinie.

Zweiter Durchgang
1. Nimm jetzt einen **andersfarbigen Stift** und beginne wieder oben auf der Liste. Diesmal bewertest du, wie stark du diese inneren Motive im beruflichen Alltag lebst oder befriedigst bzw. wie stark sie im Alltag von dir eingefordert werden. 0 bedeutet, dass dieses Motiv überhaupt nicht in deinem Job gelebt wird, 1 = manchmal, 2 = mal so/mal so, 3 = meistens und 4 = immer.
2. Verbinde jetzt auch diese Sternchen mit dem zweiten Stift von oben nach unten mit einer **Linie**. Jetzt hast du zwei verschiedenfarbige übereinanderliegende Zickzacklinien.

Inneres Motiv		0	1	2	3	4
Abenteuerlust	Wie wichtig ist Abenteuer in meinem Leben? Wie risikofreudig und mutig gehe ich an Herausforderungen heran?					
Ästhetik/ Schönheit	Welche Rolle spielen schöne Dinge und Ästhetik in meinem Leben, z. B. bei Kleidung, Kunst, Einrichtung, Essen?					
Bestätigung	Wie viel Wert lege ich darauf, von Anderen für meine Leistung Dankbarkeit, Anerkennung und Lob zu bekommen?					
Bewahren/ Tradition	Wie wichtig sind mir Traditionen und halte ich an Dingen fest? Wie gehe ich mit ständigen Veränderungen um?					
Bewegung/ Aktivität	Welchen Stellenwert hat Bewegung in meinem Alltag? Wie wichtig ist mir, aktiv und engagiert zu sein?					
Einfluss/ Macht	Wie wichtig ist es mir, Ziele zu erreichen, Entscheidungen zu treffen und Führungsrollen zu übernehmen.					
Familie	Welche Rolle spielt die Familie in meinem Leben und wie viel Zeit möchte ich ihr einräumen, mit ihr verbringen?					
Finanzielle Sicherheit	Wie sehr beschäftige ich mich mit meiner finanziellen Absicherung und dem Steigern meines Gehalts, Einkommens?					
Genuss	Wie wichtig ist mir das Genießen mit allen Sinnen im Alltag, z. B. durch Essen, Reisen, Sex, Musik?					
Gerechtigkeit	Wie sehr setze ich mich dafür ein, dass alle gleich und fair behandelt werden und Nehmen und Geben in Balance sind?					

Geselligkeit	Wie wichtig ist mir das Zusammensein und -arbeiten mit Freunden, Kollegen und anderen Menschen?					
Gesundheit/ Fitness	Wie wichtig ist es mir, physisch und psychisch gesund zu bleiben und wie viel Energie wende ich dafür auf?					
Harmonie	Wie wichtig ist ein harmonisches Miteinander für mich und wie sehr versuche ich, Streit aus dem Weg zu gehen?					
Hilfsbereitschaft	Wie viel Unterstützung oder Spenden bin ich bereit, uneigennützig für andere zu geben?					
Ordnung/ Struktur	Wie wichtig ist es für mich, dass alles seine Ordnung hat, und man sich an Abmachungen, Pläne und Regeln hält?					
Perfektionismus	Wie viel Wert lege ich darauf, Aufgaben bis ins letzte Detail und absolut fehlerfrei zu erledigen?					
Sichtbarkeit/ Außenwirkung	Wie groß ist mein Wunsch, etwas Besonderes zu sein und mich von anderen, egal wo, abzuheben?					
Unabhängigkeit	Wie ausgeprägt ist mein Drang nach freiem, selbstständigem Arbeiten und Leben, fern von Kontrolle jeglicher Art?					
Wettbewerb/ Kampfgeist	Wie sehr habe ich Spaß daran, mich mit anderen zu messen und wieviel Kampfgeist bringe ich für etwas ein?					
Wissensdurst/ Entwicklung	Wie neugierig bin ich? Wie stark ist mein Interesse an Entwicklung, Innovation, Weiterbildung, Wachstum?					

Nun ist es Zeit für eine Analyse deines Diagramms. Du hast es mit zwei Zickzacklinien zu tun, die an einigen Stellen überlappen und an anderen auseinanderklaffen. Die blaue Linie steht für die relative Wichtigkeit, die ein inneres Motiv für dich besitzt, die zweite Linie steht dafür, wie sehr du es tatsächlich ausleben kannst - oder musst. Was bedeutet das jetzt im Einzelnen?

Die rote und die blaue Linie treffen sich oder liegen sehr dicht zusammen (0 bis 1 Punkt Differenz).
Beispiel: Du hast die Wichtigkeit von "Geselligkeit" mit 4 und den tatsächliche Berufsalltag dazu mit 3 oder 4 eingeschätzt. Das bedeutet, dass du die Geselligkeit nicht nur lieben, sondern sie auch in deinem Job täglich leben kannst. Oder anders ausgedrückt: Du praktizierst, was du liebst. Großartig! Nimm das dankbar an und freue dich. Halte hier die inneren Motive fest, die du jeden Tag positiv auslebst und achte darauf, dass diese bei einer Veränderung nicht verloren gehen:

_____

_____

Großer Abstand zwischen den beiden Linien (2 - 4 Punkte Differenz).
Du hast die Wichtigkeit einiger Motive mit 3 oder 4, deinen tatsächlichen Alltag hingegen mit 0 oder 1 eingeschätzt oder genau andersherum? In diesen Fällen steckst du im sogenannten „Sollte"-Dilemma. Du machst dann Dinge, die du nicht tun *willst*, sondern die dir von anderen aufgezwungen werden. Vielleicht, weil du versuchst, es anderen Menschen recht zu machen, oder weil du Ängste vor den Konsequenzen bei Nichtbefolgung hast. Denkbar ist auch, dass du bestimmte Dinge nur tust, weil du in der Vergangenheit zu der Auffassung gelangt bist, dass man dieses oder jenes tun sollte, um beispielsweise ein guter Mensch zu sein. Egal, was es ist, dieses „Sollte"-Dilemma kann eine zerstörerische Kraft entfalten und bewirken, dass du ein Leben führst, das nicht dein eigenes ist. Du wirst nicht darum herumkommen, dich von ihm zu lösen.

Weitere Beispiele zu „ich sollte, möchte aber lieber …"
- Ich sollte mit den Kunden zum Abendessen gehen, möchte aber lieber meine Kinder ins Bett bringen. (Hohes Motiv: Familie)

- Ich sollte einen Angestellten ermahnen, möchte aber lieber gut mit ihm auskommen. (Hohes Motiv: Harmonie)
- Ich sollte mich an vorgegebene Ziele halten, möchte aber lieber selbst die Ziele stecken und Verantwortung dafür übernehmen. (Hohes Motiv: Einfluss/Macht)
- Ich sollte ständig auf Fortbildungen gehen, möchte aber lieber meine bestehenden Kenntnisse nutzen, anstatt schon wieder die Schulbank zu drücken. (Niedriges Motiv: Wissensdurst)
- Ich sollte meinen Schreibtisch aufräumen, möchte aber lieber mein geordnetes Chaos pflegen. (Niedriges Motiv: Ordnung/Struktur)

Das „Sollte"-Dilemma weckt oft Gefühle der Schuld und Unzulänglichkeit, schlimmer noch: es begräbt deine Werte und tötet dein Wesen. Je mehr die inneren Motive und das tatsächliche Gelebte auseinanderklaffen, umso mehr lebst du von außen nach innen, anstatt von innen nach außen. Unser Tipp: Erkenne, was dir wirklich wichtig ist, und richte dich danach, auch wenn du andere damit nicht immer erfreust. Dabei liegt die Verantwortung für die Veränderung nur bei dir. Warte nicht, dass andere sie für dich übernehmen und etwas verändern. Sonst lebst du für die Ziele anderer und wirst zum passiven Zuschauer und Opfer in deinem eigenen Leben. Du beraubst dich dann der Möglichkeit, aktiv Einfluss auf dein Leben zu nehmen. Du solltest auf keinen Fall auf Dauer gegen deine inneren Motive arbeiten und leben oder zumindest bewusst und aus der eigenen Entscheidung heraus, das eine oder andere Motiv verändern.

Übung 14: Halte jetzt hier in der ersten Spalte mit einem „x" die inneren Motive fest, die im Konflikt mit deinem gelebten Alltag stehen und 2-4 Punkte Differenz haben. Frage dich, woran es liegt, dass du deine Motive nicht leben kannst, und was sich ändern muss.

Markiere anschließend die inneren Motive, welche *du verändern solltest und auch willst*, farbig, und setze die, in denen du dich *absolut nicht verändern willst*, in Klammern. Je mehr innere Motive es sind, in denen du dich absolut nicht verändern willst, umso mehr solltest du in Betracht ziehen, das aktuelle System in einem passenden Zeitraum zu verlassen, denn dass das System sich für dich verändert, ist sehr unwahrscheinlich.

X	Inneres Motiv	Differenz	Das muss sich ändern
	Abenteuerlust		
	Ästhetik/Schönheit		
	Bestätigung		
	Bewahren/Tradition		
	Bewegung/Aktivität		
	Einfluss/Macht		
	Familie		
	Finanzielle Sicherheit		
	Genuss		
	Gerechtigkeit		
	Geselligkeit		
	Gesundheit/Fitness		
	Harmonie		
	Hilfsbereitschaft		
	Ordnung/Struktur		
	Perfektionismus		
	Sichtbarkeit/Außenwirkung		
	Unabhängigkeit		
	Wettbewerb/Kampfgeist		
	Wissensdurst/Entwicklung		

Zum besseren Verständnis jetzt noch ein paar weitere Beispiele.
- Angenommen, du hantierst regelmäßig mit giftigen Substanzen, die mit akuten Gesundheitsgefahren verbunden sind, was aber deinem hohen Motiv „Gesundheit" entgegenwirkt.

- Stelle dir vor, du hast das Motiv „Bewahren" niedrig und im gelebten Job hoch eingeschätzt. In diesem Fall beschäftigst du dich viel zu lange mit den immer gleichen Dingen, die dich in Wirklichkeit langweilen. Stattdessen würdest du viel lieber öfters etwas Neues machen und mehr Abwechslung haben.
- Oder du hast einen niedrigen Wert bei „Ordnung" und einen hohen Wert im Job, wo peinlichst genau auf Ordnung und die Einhaltung von Strukturen und Regeln geachtet werden muss. Dann wird es dich sehr wahrscheinlich nerven, dich ständig an Regeln und Pläne anderer halten zu müssen.
- Das Gleiche gilt zum Beispiel, wenn dir deine „Familie" extrem wichtig ist, dein Job aber verlangt, dass du oft mit Kunden zum Abendessen gehst. Es erfordert viel Kraft, bei einem solchen offensichtlichen Motiv- oder Wertekonflikt hart zu bleiben und Nein zu sagen.

In jedem Fall kannst du immer zwischen den folgenden beiden Möglichkeiten wählen:
 a. Du möchtest dich auf keinen Fall verbiegen und willst beispielsweise weiterhin ein großes Augenmerk auf deine Gesundheit legen. Dann kannst du versuchen, deine Bedürfnisse kundzutun und darum zu bitten, dass man diese berücksichtigt. Wenn dies zu keiner Änderung führt, solltest du einem System, das dich derart belastet, einfach „Lebewohl" sagen und dir eines schaffen, das dir mehr entspricht und das deinen Motiven eher gerecht wird.
 b. Alternativ kannst du auch einen großen Unterschied zwischen Anspruch und gelebten Wert relativieren und versuchen, dich mit der neuen Situation anzufreunden. Möglicherweise sagst du: „Bei der Gesundheit gehe ich keine Kompromisse ein. Wer das macht, ist doch dumm." Das ist dein gutes Recht, aber dann solltest du tatsächlich danach handeln. Auch wenn es für viele schwer zu glauben ist, aber wir hatten auch schon viele Kunden, die nur einen mittleren oder niedrigen Wert bei Gesundheit hatten und aufgrund ihres entspannteren und unbesorgteren Umgangs mit diesem Thema gesünder waren als Kunden, die darin hoch und oft dabei begleitend von Angst angetrieben waren. Wo die Grenzen der Anpassung sind, steckst du dabei immer selbst ab.

Große Veränderungen werden sicher nicht über Nacht geschehen. Gut möglich, dass du einige Wochen oder Monate brauchst, um die notwendigen Anpassungen vorzunehmen und durchzuführen.

In Schritt 5 zeigen wir dir, wie du einen Veränderungsprozess und etwaige Ängste davor anpackst und dauerhaft in den Griff kriegst.

Welche drei Schlüsselerkenntnisse hast du aus diesem Denkzeug gewonnen? Bringe sie jetzt gleich auf den Punkt.

Hol dir das gratis Workbook (PDF) zum Buch:

Code einscannen oder folgende Webadresse in deinem Webbrowser eingeben:

https://denkzeuge.com/buch-bonus-paket-aa/

Zugang zu meinem Innersten

> Tiefe Selbstkenntnis ist die wichtigste Grundlage für die Wahl eines Berufs, mit dem du dich von ganzem Herzen verbunden fühlst. Nur wenn du den Kern deiner Persönlichkeit kennst, kennst du dich selbst. Die Herausforderung ist, den Verstand eine Zeit lang auszuschalten und genau darauf zu hören, was von innen heraus zu dir spricht.

Das Floß des Lebens

Stell dir vor, du schwimmst in der Mitte des Ozeans. Du nimmst das Geschehen an der Oberfläche um dich herum bewusst wahr und ahnst, dass es unter dir noch sehr viel Verborgenes gibt, das du jedoch nur dann sehen kannst, wenn du tief nach unten tauchst.
Unser Inneres ist damit gut vergleichbar. In der Regel leben wir unser Leben auf der bewussten, kognitiven Ebene - einer kleinen Plattform, die auf der Oberfläche des Ozeans treibt.

Wenn du dich umsiehst und die Ohren aufmachst, siehst du, was andere tun und hören, was sie sagen und von dir erwarten. Manchmal erfüllst du diese Erwartungen, manchmal nicht. Entsprechend treibt dein Floß des Lebens mal in die eine, mal in die andere Richtung. In der Regel lenkt das dein Kopf. Du spürst jedoch, dass tief in deinem Inneren noch etwas sitzt, das auch gerne mitreden möchte. Meist kannst du es aber nicht richtig ausmachen oder lässt es nicht an die Oberfläche kommen. Es handelt sich um jene Stelle, von der aus sich hin und wieder das sogenannte „Bauchgefühl" zu Wort meldet, oder das, „was das Herz begehrt". Allerdings sind wir nie hundertprozentig sicher, ob man dem folgen soll oder nicht.

In stillen Zeiten, wenn du ganz und gar du selbst bist und etwas tust, das du sehr genießt, aber auch wenn dich etwas schwer belastet, spüren wir unser Innerstes deutlicher. Je besser du dich mit Hilfe dieses Workshops kennenlernst, umso mehr taucht dein Innerstes aus seinen Tiefen auf und manifestiert sich. Dann, und nur dann, kannst du aufhorchen und ergründen, ob es versucht, dir bei deiner Entscheidungsfindung etwas zu sagen. Die folgende Fragenserie gräbt jetzt noch ein wenig tiefer.

Zugang über das, was du „natürlich" lebst

Dein Inneres blüht auf und verschafft sich jedes Mal Gehör, wenn du dich natürlich und unangestrengt verhältst und nicht versuchst, irgendeine Rolle zu spielen. Die Leute loben dich mit Worten wie „Du bist so toll, weil ...!" und du antwortest: „Ja, aber das ist ganz normal für mich. So bin ich nun mal!" Hole die positiven *Charakterzüge*, die du als deine wichtigsten siehst, hervor. Orientiere dich dabei auch gerne nochmal an den vorherigen Übungen.

Übung 15: Fühle in dich hinein und frage dich, welche positiven Charakterzüge es sind, die du natürlich und automatisch lebst. Verwende dazu eine Bewertungsskala von 0 bis 10 und ordne ein, wie stark sie sind (0 = schwach, 10 = stark). Schreibe auf, wie nützlich sie für dich sein können und warum..

Positiver Charakterzug	Wert	Wie und wofür nützlich?

Zugang über Menschen und Gruppen

Dein Innerstes fühlt sich von anderen Menschen magnetisch angezogen, deren Inneres deinem ähnlich ist oder es komplementär ergänzt. Dies sind Menschen, die durch ihr beispielhaftes Leben, ihre Arbeit und ihre Aktivitäten dein Innerstes berühren. Also zum Beispiel Menschen, oder auch Gruppen und Organisationen (Unternehmen, Vereine, Stiftungen ...), die dich inspiriert haben oder immer noch inspirieren oder die dich darin motivieren, das aus dir zu machen, was du wirklich sein willst. Manchmal kennen wir diese Menschen persönlich, manchmal nur aus Büchern, Medien oder sonstigen

Quellen. Sie können jung oder alt, reich oder arm, Freunde oder Fremde sein.

Übung 16: Erstelle eine Liste mit für dich interessanten Menschen und Gruppen, die dich inspiriert haben oder immer noch inspirieren, die ein Vorbild waren oder immer noch ein Vorbild sind. Wessen Leben eines anderen oder Teile davon würdest du gerne leben oder austauschen? Schreibe daneben das auf, was dich besonders berührt oder was du selbst gerne tust, ähnlich oder genauso tun würdest. Bewerte von 0 bis 10 (0 = schwach, 10 = stark), wie wichtig das für dich ist.

Name	Das berührt mich oder würde ich gerne auch tun	Wichtig

Zugang über Tagträume

Dein Innerstes hat tief gehegte Ambitionen, die es ausleben möchte. In unseren Tagträumen erfahren wir manchmal, was uns erfüllen würde. Meist verwerfen wir diese Träume jedoch schnell wieder, weil sie uns albern, unrealistisch oder als Zeitverschwendung erscheinen. Mach diesen Fehler nicht, sondern lasse die Tagträume ganz an die Oberfläche kommen. Diese Tagträume entstammen deinem tiefsten Inneren und zeigen, wonach es sich sehnt. Frage dich: „Wenn du dein Leben ohne irgendwelche Zwänge und in Übereinstimmung mit dem, was tief in deinem Inneren schlummert, leben könntest, was würdest du dann wahr werden lassen, um somit deinem Leben Bedeutung und ultimative Befriedigung zu verleihen?"

Übung 17: Lasse den „verrückten Traum" an die Oberfläche kommen, bevor du nach seinem Hintergrund fragst. Was taucht dabei auf? Wie stark ist es (0 = schwach, 10 = stark)?

Was taucht auf? Was würde ich dabei alles gern tun?	Wie stark?

Zugang über fundamentale Entscheidungen

Jedes Mal, wenn du eine wichtige Entscheidung triffst, versucht sich dein Innerstes Gehör zu verschaffen. Betrachten wir hier insbesondere die Entscheidungen, die dein berufliches Wirken in eine bestimmte Richtung gelenkt haben, wie zum Beispiel die Wahl der Schule, der Ausbildung, des Studiums, des Arbeitgebers, einer Kündigung usw. Hinter diesen fundamentalen Entscheidungen stecken Ambitionen, die dein Innerstes verwirklicht sehen möchte.

Übung 18: Trage all deine wichtigen beruflichen Entscheidungen in die Tabelle ein, die den Kurs verändert haben. Frage dich, was sich dabei aus deinem tiefsten Inneren zu Wort melden und durchsetzen wollte, was dich dazu motiviert hat und was du dir erhofft hast. Bewerte von 0 bis 10 (0 = schwach, 10 = stark), wie wichtig das für dich ist.

Entscheidungen, die meinen beruflichen Kurs verändert haben	Was motivierte mich dabei aus meinem tiefsten Innern?	Wie wichtig?

Zugang über die Highlights in deinem Leben

In dieser Übung fahndest du nach positiven Aspekten, die in dir geweckt wurden, während du besonders schönen Aktivitäten nachgingst – ob in der Arbeit oder in der Freizeit.

Dein Innerstes blüht auf, wenn du an etwas derart begeistert arbeitest, dass dich die Welt um dich herum völlig vergessen lässt. Psychologen sprechen von „flow" oder „optimalem Erlebnis" (Csikszentmihalyi, 1990). Viele Künstler etwa genießen den schöpferischen Prozess so sehr, dass es ihnen ganz egal ist, wie die Kritiker ihre Werke beurteilen.

Übung 19: Wann erlebst du oder hast du einen ähnlichen Grad der Befriedigung erlebt? Oder wobei bist du immer glücklich? Was waren die absoluten Highlights in deinem Leben, die du nie vergessen wirst?

Dabei spielt es keine Rolle, was andere darüber sagten oder wie sie deine Arbeit beurteilten. Was zählt ist, was du fühltest, während du diese Dinge getan hast. Genauso unwichtig ist es, ob diese Aktivitäten ein Teil deiner Arbeit oder bloß ein Hobby waren. Jemand kann Gehirnchirurg sein und tagtäglich Leben retten, es aber wirklich spannend finden, in seinem Garten eine Modelleisenbahn aufzustellen.

Bewerte von 0 bis 10 (0 = schwach, 10 = stark), wie stark das für dich ist.

Highlights / Lieblingsaktivitäten (Arbeit, Hobby ...)	Was genau macht(e) Spaß dabei?	Warum macht(e) es Spaß?	Wie stark?

Zugang über den Neid

Wilhelm Busch sagte einmal: *„Neid ist die aufrichtigste Form der Anerkennung."* Wir stimmen dem nicht nur zu, sondern sehen in Neid auch einen erstklassigen Indikator, um zu erkennen, was man aus dem Innersten heraus wirklich will. Wenn wir uns bei anderen über die Ungerechtigkeiten der Welt ausheulen, sollten wir uns gleichzeitig fragen, was wir stattdessen lieber hätten.

Übung 20: Wenn du dich also schon mal dabei ertappt hast, auf jemanden neidisch zu sein, dich benachteiligt oder gar als Opfer fühltest, frage dich, was jeweils dabei genau in deinem Innersten hochkommen wollte.

Schreibe es auf und bewerte es von 0 bis 10 (0 = schwach, 10 = stark), wie wichtig es dir wirklich war.

Wichtig bei dieser Übung: Bitte beachte dabei, dass Neid immer nur als inspirativer Schubs dienen und nicht allzu viel Raum im Leben bekommen sollte, sonst zieht er dich zu sehr runter, macht dich traurig und antriebslos. Nutze ihn lieber, um zu erkennen, wo du hinwillst und deine Antriebsgeister zu wecken.

Hier war ich zuletzt neidisch oder habe mich als Opfer gefühlt	Das wollte aus meinem Innersten hochkommen und hätte ich stattdessen gerne gehabt oder getan	Wie wichtig?

Zugang über die „Aufschieberitis"

Sicher kennst du diese Momente, wo etwas Wichtiges, das man aber nicht gerne tut, erledigt werden muss, und es immer wieder vor sich herschiebt, bis es nicht mehr geht. In der Regel füllt man die Zeit dann viel lieber mit Dingen, die weniger anstrengend sind oder die man besonders gern macht. Und genau auf diese wollen wir uns jetzt konzentrieren, denn das sind möglicherweise die Dinge, die du hauptsächlich tun willst.

Übung 21: Wenn du schon mal in einer „Aufschieberitis"-Situation warst, mit welcher schöneren, erfüllenderen Aktivität hast du dann lieber deine Zeit vergeudet? Bewerte es von 0 bis 10, ob es nur eine willkommene, aber unbefriedigende Ablenkung war oder du es gern als Hauptaktivität vorgezogen hättest (0 = unwichtig, 10 = sehr gern), wie wichtig es dir wirklich war.

„Aufschieberitis"-Situation	Das habe ich viel lieber getan	Wie gern?

Welche drei Schlüsselerkenntnisse hast du aus diesem Denkzeug gewonnen? Bringe sie jetzt gleich auf den Punkt.

Groß denken

> Groß denken heißt, die Ketten des alltäglichen, begrenzten Denkens zu sprengen und einmal neue Dinge, die wir uns normalerweise nicht trauen zu denken, zuzulassen, um weitere berufliche Horizonte zu eröffnen. Die folgenden Fragen helfen dir dabei.

Übung 22: Erinnere dich an die erste Übung im Buch, in der du anhand von fünf Fragen schnell festgestellt hast, ob du deinen Job unter anderen Gegebenheiten trotzdem behalten würdest? Nun wenden wir diese Fragen erneut an, um deinem Ruf auf die Spur zu kommen und herauszufinden, was du lieber tun würdest. Notiere deine Antworten auf die folgenden Fragen.

1) *Was würdest du beruflich tun, wenn es die anderen Menschen nicht gäbe, denen du dich verpflichtet fühlen?*

   Falls du deinem jetzigen Job nur aufgrund der Menschen, die du nicht enttäuschen willst, treu bleibst, eröffnet dir diese Frage die Möglichkeit, frei und selbstbestimmt deinen Weg zu gehen. Dabei ist es egal, ob dich tatsächlich jemand darum gebeten hat, etwas Bestimmtes zu tun, beispielsweise das Geschäft deiner Eltern zu übernehmen oder denselben Beruf auszuüben, oder du es dir selbst einredest, weil du glaubst, irgendwelche Erwartungen erfüllen zu müssen, wie zum Beispiel: *„Ich muss im Ausland auf Montage arbeiten, um Frau und Kindern den Lebensstil zu ermöglichen, den sie verdienen."*

   Notiere jetzt hier deine Antwort:

   _____

   Die Frage ist in einem solchen Fall immer, ob du für deine Opfer jemals wirklich Dankbarkeit ernten wirst, oder ob die anderen es nicht lieber hätten, dass du stattdessen etwas tust, das *dich* glücklicher macht. Niemand, der dich wirklich liebt, würde je von dir verlangen, dass du einem Job nachgehst, der dich auf Dauer unglücklich macht.

2) *Wenn du ganz sicher wärst, nicht zu scheitern, egal was du dir vornimmst, welches berufliche Ziel würdest du verfolgen?*

Diese Frage soll dir die Angst vor einem möglichen Misserfolg nehmen oder eine schlechte Erfahrung aus der Vergangenheit, als du mal etwas Neues gewagt hattest, ausblenden.

Notiere jetzt hier deine Antwort:

_____

Wenn du nur aus Sicherheitsgründen tust, was du tust, und nicht, weil du es wirklich willst, bist du nur mittelfristig auf der sicheren Seite. Langfristig besteht aber die Gefahr, dass du aufgrund deiner latenten Unzufriedenheit krank wirst, weil du ständig unterhalb deines optimalen Potenzials arbeiten.

Von Henry Ford (1863-1947) stammt der Satz: *„Ob Sie glauben, etwas zu können oder es nicht zu können – Sie haben fast immer Recht!"* Was glaubst du? Schau dir dazu noch mal deine Stärkenliste an, was du alles kannst!

3) *Stell dir vor, du würdest morgen 20 Millionen Euro im Lotto gewinnen, was wären die ersten drei beruflichen und drei privaten Dinge, die du sofort verändern würdest?*

Die meisten Menschen gehen ihrer wahren Berufung aus genau einem einzigen Grund nicht nach: aus Sorge, nicht mehr genügend Geld zu verdienen, um seine elementaren Grundbedürfnisse (Dach über dem Kopf, Essen usw.) befriedigen oder auch seinen derzeitigen Lebensstandard halten zu können. Wer plötzlich viel Geld besitzt, braucht sich - zumindest über diese Dinge - keine grauen Haare wachsen zu lassen. Lass mit dieser Frage deinen Träumen freien Lauf.

Beruflich _____

Privat _____

Einer unserer Freunde erzählte uns, dass es sein großer Traum war, zwischen streitenden Menschen derart zu vermitteln, dass Gerichte überflüssig würden. Um sich seinen Traum, irgendwann in Vollzeit als Mediator tätig zu sein, erfüllen zu können, arbeitete er ironischerweise viele Jahre als normaler Anwalt. Er wollte damit genügend Geld verdienen, so dass er es sich irgendwann leisten konnte, seinem Traum nachzugehen, ohne von seinem Einkommen abhängig zu sein.

Aber was glaubst du – womit wird man auf Dauer mehr Geld verdienen? Das, worin die Begeisterung fehlt, oder das, wo seine ganze Leidenschaft drinsteckt?

Unser Freund erkannte die Antwort für sich und begann, seine Begeisterung, seinen Traum Stück für Stück in seinen Arbeitsalltag zu integrieren. Parallel hat sich mit der Mediation - ein Verfahren zur konstruktiven Beilegung eines Konfliktes - über Jahre hinweg ein ganz neues Berufsfeld entwickelt und ist soweit fortgeschritten, dass Gerichte und Rechtsschutzversicherungen inzwischen versuchen, gerichtliche Klagen zu vermeiden und mit Hilfe professionell ausgebildeter Mediatoren im Vorfeld Streit zu schlichten. So kombiniert unser Freund heute sein hohes Recht- und Gesetze-Wissen mit seiner Mediationsleidenschaft und findet für seine Mandanten so gut wie immer Win-win-Regelungen ohne ungeliebte Gerichtsprozesse.

Das Entscheidende ist, dass man sich aus Angst vor Geldmangel nicht selbst blockiert, sondern mögliche Risiken und Chancen ins richtige Verhältnis setzt und seinen Berufungswünschen entsprechend Raum gibt.

4) *Wenn du ewig leben könntest, was würdest du dann am liebsten für den Rest deiner Tage tun? Gehe hier so tief ins Detail wie möglich. Male dir ruhig auch aus, was du alles damit erreichen willst.*

Die Idee des ewigen Lebens mag verlockend oder erschreckend klingen, ganz sicher hilft diese Frage aber dabei, über das normale Zeitmaß hinaus zu denken. Zeit ist nach Geld der Hauptgrund, warum viele Menschen einer Veränderung aus dem Weg gehen. Aber es ist NIE zu spät. Blende also das Argument Zeit einmal aus und lass all deinen beruflichen Träumen freien Lauf – egal, wie kühn sie auch sein mögen. Wenn du etwas gefunden hast, dass dich so begeistert, dass du es ewig tun könntest, bis du ganz dicht an deiner Berufung dran.

4½) Du kannst die Frage natürlich auch radikal umkehren und dir überlegen, welches nicht umgesetzte Lebenswerk du am meisten bedauern würdest?

_____

Auch diese Frage kann uns wichtige Hinweise auf unseren bisher unverwirklichten Berufungswunsch oder Lebenstraum geben.

Welche drei Schlüsselerkenntnisse hast du aus diesem Denkzeug gewonnen? Bringe sie jetzt gleich auf den Punkt.

Mein Lebensweg

> In diesem Denkzeug kannst du zum uneingeschränkten Möglichkeitsdenker werden und den „Ja, aber ..."-Sager in dir aussperren. Er darf dann in Schritt 5 wieder zu Wort kommen. Blockiere jetzt alle störenden Gedanken und öffne deiner Zukunft die Türen. Begreife deine momentane Position gemessen an deiner zeitlichen Lebenslinie. Das gibt dir Gelegenheit, auf dein bisheriges Leben zurückzublicken und noch korrigierende Veränderungen vorzunehmen, bevor es zu spät ist. Das Spannende daran ist, dass du dabei nicht die Highlights hervorholst, sondern dein Leben in zehn Jahresabschnitten betrachtest. In die Vergangenheit und auf die Gegenwart zu blicken, macht dir eine Projektion in die Zukunft leichter.

Wir haben für diese Übung bewusst eine Lebenserwartung von 100 Jahren zugrunde gelegt. Nicht, weil wir hoffnungslose Optimisten sind, sondern weil wir deine Flügel nicht unnötig kappen wollen. Auch wenn du im Moment vielleicht nicht daran glauben solltest, wirklich dieses Alter zu erreichen, lass dich trotzdem darauf ein und führe die Übung komplett durch. Niemand weiß genau, wie lange er leben wird, aber sieht man sich die Lebenserwartung anhand der Sterbetafel der Lebensversicherungsbranche von 2023 an (Männer 78,2 Jahre, Frauen 83,0), dann ist es nicht unrealistisch, die 100 zu erreichen. Vor allem, wenn man den Berechnungen der Rentenversicherer glaubt, die besagen, dass die durchschnittliche Lebenswartung von Menschen, die bereits das 65. Lebensjahr erreicht haben, mindestens 3-5 Jahre mehr beträgt.

Übung 23: Bei dieser Übung wäre es von großem Nutzen, wenn du jemanden um Hilfe bitten könntest. Bei der von uns empfohlenen Vorgehensweise musst du ein paar Vorbereitungen treffen, die sich aber lohnen.

Verlege als Erstes ein zehn Meter langes Band als gerade Linie auf dem Fußboden deiner Wohnung. Falls du in einer kleinen Wohnung lebst, lege 2x5 Meter hin und zurück, wähle eine U- oder Z-Form oder gehe ins Freie. Unterteile diese Linie mit Hilfe leicht lösbarer querliegender Klebestreifen in zehn gleich lange Abschnitte und markiere sie mit Zahlen von 10 bis 100.

Bitte die Hilfsperson, dir den folgenden Fragenablauf langsam vorzulesen und nach jeder Frage 15 bis 20 Sekunden zu pausieren, bevor sie mit der nächsten Frage fortfährt.

Wenn du niemanden hast, der diese Aufgabe übernehmen könnte, zeichne zuerst die Fragen mit einer Sprachrekorder-App auf dem Handy auf. Damit kannst du die Fragen wiederholt abspielen und anschließende deine Antworten zu Papier bringen. Natürlich ist es auch möglich, diese Übung nur auf einem Blatt Papier zu machen, aber wir raten davon ab, denn das räumliche Abschreiten der Jahre bringt zusätzliche tiefergehende Erkenntnisse.

Ablauf: Stell dir vor, die Linie vor dir repräsentiere dein komplettes Leben und Wirken, von der ersten Ausbildungsstufe, über das Arbeiten, bis zur Rente und zum Tod. Wenn du bereit bist, stelle dich an den Beginn der Lebenslinie:
- Atme erst tief ein, dann langsam wieder aus.
- Fühle in dich hinein und versuche, den Verstand auszuschalten, dein Herz zu spüren und darauf zu hören.
- Bleibe ganz bei dir.
- Schließe beim Beantworten der Fragen deine Augen und halte sie im Übungsverlauf geschlossen.

1. Gehe einen Schritt vor zur Markierung 10, als du 10 Jahre alt warst.

2. Höre zu oder lese dir folgenden Text und die Fragen durch. Nimm deine Antworten auf oder lass sie deine Hilfsperson aufschreiben:

   *„Denke an die Zeit, als du **10** Jahre alt warst. Schau dich in Gedanken um und beantworte folgende Fragen:*

   Wo genau befindest du dich?
   Was siehst du?
   Was hörst du?
   Was riechst du?
   Mit wem bist du zusammen?
   Was tust du?
   Was fühlst du dabei?"

3. Mache eine kurze Pause, schüttle deine Gedanken von eben ab und gehe einen Schritt zur nächsten Markierung vor. Folge derselben Prozedur und beginne wieder mit: *„Denke an die Zeit, als du **20** Jahre alt warst ..."*

4. Wiederhole den Vorgang, bis du bei 100 Jahre angekommen bist. Stell dir auch bei den Jahren, die noch vor dir liegen, vor, als ob du zurückblicken würdest und du sie schon gelebt hast, allerdings ab jetzt immer unter der Devise, alles ist nach deinen Wünschen gelaufen.

5. Wenn du fertig bist, öffne deine Augen wieder, drehe dich um und blicke auf dein Leben zurück. Nun ist es Zeit, Abschied zu nehmen. Von den Dingen, die du getan hast. Von den Menschen, mit denen du zusammen warst:

   Was fühlst du dabei?
   Bist du zufrieden, wie du gelebt hast, vor allem die Jahre, die jetzt noch vor dir liegen?
   Kannst du in Frieden und ohne Reue gehen?

Frage dich: *Was habe ich zwischen heute und dem 100. Geburtstag alles anders und richtig gemacht?*

_____

_____

_____

Fasse zusammen, wie dein *Berufsleben* und die Zeit danach von heute weg verlaufen sind

_____

_____

_____

Diese Übung kann dich mit sehr viel Demut und Dankbarkeit erfüllen. Als wir diese Übung durchführten, machten wir einige überraschende Feststellungen.

Oliver: *„Ich war 32 und vor mir lag ein Leben, das sehr klar, lebhaft und völlig verplant war, bis ich 45 Jahre alt wäre und unsere Kinder ihr Nest verlassen würden. Ab dem 45. Lebensjahr begann ein Vakuum, das sich bis zum Rentenalter erstreckte und eine gänzlich unbekannte Größe für mich war. Ich begann, mich zu fragen, wie ich dieses Vakuum – zumindest mental – füllen könnte. Ich beobachtete ältere Mitmenschen, wie sie lebten und ihre Zeit verbrachten, und fing mit dem Sammeln von Ideen an. Interessanterweise stieß ich auf einen großen Unterschied zwischen dem, was diese Leute taten, und der Art und Weise, wie ich mir meinen Ruhestand ausgemalt hatte. Angesichts der großen Verantwortung, die Familie, Kinder und ein reiches, umtriebiges Privat- und Berufsleben mit sich bringen, hatte ich mir immer vorgestellt, mich in einem restaurierten alten Bauernhaus auf einem ruhigen Hügel in der Toskana zur Ruhe zu setzen – vorzugsweise mit direkter Rotwein-Pipeline zu einer der Winzereien in der Nachbarschaft! Doch die meisten 65-Jährigen, die mir begegnet sind, hassen nichts mehr, als sich an einem ruhigen Ort zu isolieren. Viele haben ihre idyllisch-beschaulichen Häuschen, die sie als Alterssitz* *geplant hatten, längst verkauft und sind in die Herzen turbulenter Städte wie Istanbul, London oder Alicante gezogen. Sie suchen den Kontakt zu Menschen und zum Leben. Ich erinnere mich auch, dass meine 65-jährigen Eltern, während ich zu Besuch bei ihnen war, einmal um vier Uhr morgens von einer wilden Tanznacht nach Hause in mein Schlafzimmer geschlichen kamen, um mir mitzuteilen, dass sie gut wieder zu Hause angekommen waren – und bei dieser Gelegenheit über uns Junge zu lästern, die bereits um zweiundzwanzig Uhr in der Falle gelegen hatten!"*

Michaela: *„Es war Anfang 2009 als ich Olivers Ursprungsbuch durcharbeitete. Ich kannte diese Übung bereits in einer anderen Form, aber ich fand sie gerade deswegen interessant, weil sie sich auf die jeweils runden Geburtstage konzentriert und nicht willkürlich irgendwelche ereignisreichen Zeitpunkte hervorholt. Gerade an den runden Geburtstagen reflektiert man ja gerne das vergangene Jahrzehnt und hat mal mehr, mal weniger Schwierigkeiten damit, dass sich eine neue Zahl an die Zehnerstelle setzt. Ich stellte damals sehr schmerzvoll fest, dass ich bis kurz vor meinem 40. Geburtstag ein ziemlich kampfreiches Leben geführt und hauptsächlich für andere gelebt hatte und meiner Berufung somit gar nie folgen konnte. Aber ich spürte auch, dass die Wende bereits eingeleitet war und ich mich weiter auf den Weg machen wollte, MICH noch mehr zu finden, an mich zu glauben und in meine Fähigkeiten zu vertrauen. Mir ist es damals noch nicht gelungen, eine klare Vorstellung von meinem weiteren beruflichen Wirken hervorzuholen, aber das machte nichts. Das Entscheidende war, zu spüren, dass ich auf dem richtigen Weg war und dass sich mir die Welt komplett öffnet, sobald ich es mir selbst erlaube. Inzwischen lebe ich meine Berufung und mein Lieblingsleben und weiß, dass die Jahre vor meiner Wende nicht umsonst waren, sondern mir erst die Grundlage für mein heutiges Schaffen gelegt haben."*

Hier noch ein paar Beispiel-Reaktionen anderer Leser auf diese Übung:
- Ein lediger, erfolgreicher Geschäftsmann, der stets darauf bestanden hatte, niemals zu heiraten, entdeckte mit Hilfe der Übung, dass er reich werden, sich ein großes Haus bauen und einen schnellen Porsche zulegen würde, aber seinen materiellen Besitz nicht genießen würde, weil es niemanden gab, mit dem er ihn teilen konnte. Ein Jahr später heiratete er

und setzte zwei Kinder in die Welt.
- Eine leitende Angestellte in einem großen Unternehmen, die leidenschaftlich gegen Tierversuche und Tierquälerei kämpfte, entdeckte, dass sie, fast ohne es zu merken, ihre Lebensmitte bereits erreicht hatte, und ihre Zeit bald zu knapp werden würde, um Tiere zu retten, wenn sie nicht so schnell wie möglich damit anfinge. Sie verließ ihren Job in der Hightechbranche und begann, sich hauptsächlich mit dem Tierschutz zu beschäftigen.
- Die nette Leiterin des Seniorenheims, in der Olivers Großmutter ihre letzten Tage verbrachte, stellte nach dem Lesen dieses Buchs fest, dass es höchste Zeit wurde, ihr Leben an den Ort zu verlegen, an dem sie sich wirklich zu Hause fühlte. Kurzerhand kündigte sie und zog mit Sack und Pack in ihre alte Heimat zurück. Olivers Mutter war darüber allerdings nicht so begeistert.

Diese Übung soll dir also die Chance bewusst machen, dein Leben noch mal umkrempeln zu können und dich noch näher zu deiner Leidenschaft und Berufung zu bringen. Es ist nie zu spät!

> Welche drei Schlüsselerkenntnisse hast du aus diesem Denkzeug gewonnen? Bringe sie jetzt gleich auf den Punkt.

Das Berufungsmodell

> In diesem Denkzeug geht es darum, dein ganzes Stärkenpaket und deine Motivationen, also das, was in dir ruft, so in deinen beruflichen Alltag zu integrieren, dass du den bestmöglichen Nutzen oder Return on Investment erwirtschaften kannst. Das heißt, dass deine Arbeitgeber oder deine Kunden (für den Fall, dass du dich selbständig machst) das, was du zu bieten hast, nicht nur schätzen, sondern auch so sehr haben wollen, dass sie dafür bezahlen. Denn wie sagt eine Weisheit so schön: „Wer für seine Tätigkeit nicht bezahlt wird, hat keine Arbeit, sondern ein Hobby."

Wir haben dafür das Berufungsmodell entwickelt, um zu veranschaulichen, dass es nicht ausreicht, viele Stärken zu haben, sondern dass es wichtig ist, eine größtmögliche Schnittmenge aus denjenigen Stärken zu generieren, die man zu einem selbst mit Freude und aus innerem Antrieb heraus einsetzt, und zum anderen, was Arbeitgeber oder Kunden brauchen.

In unserem Modell siehst du drei überlappende Kreise.
- In den großen Kreis kommt deine Stärkensammlung aus Schritt 2 mit all dem, was du in deine Stärkenbilanz gepackt hast.
- Der verkleinerte zweite Kreis enthält alles aus dem großen Kreis, was du aus dem Inneren heraus *gerne* einsetzen möchtest, weil du große Begeisterung dabei verspürst, die dich in eine Art Flow bringt.
- Der dritte Kreis spiegelt das wider, was deine Arbeitgeber oder Kunden von dir haben *wollen* und wofür sie bereit sind, zu *bezahlen*.

Die Schnittmenge aus allen drei Kreisen ergibt die optimale Kombination, die sowohl dich als auch deinen Arbeitgebern oder Kunden höchstmöglich befriedigen wird. Versuche damit herauszufinden, bei welchem Arbeitgeber oder welchen Kunden du die größtmögliche Schnittmenge finden kannst.

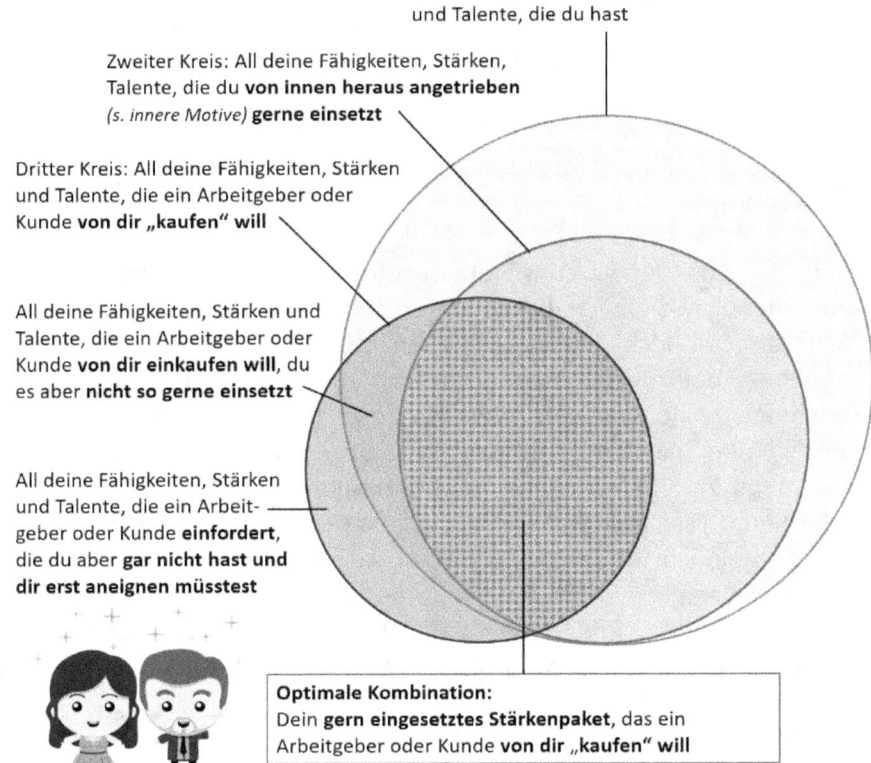

Übung 24: Dein persönliches Denkzeuge®-Berufungsmodell.

Entwickle jetzt dein persönliches Berufungsmodell.
1. Zeichne auf einem extra großen Blatt Papier (Packpapier, Tapete) drei Kreise entsprechend unserer Skizze.
2. Übertrage deine Stärken aus deiner Stärkenbilanz in Schritt 2 auf kleine selbstklebende Haftnotizzettel.
3. Sortiere dann deine Stärken entsprechend ein. In den zweiten Kreis kommen dabei nur die Stärken, die du auch *gern* beruflich einsetzen möchtest. Orientiere dich dabei an deinen Bewertungen aus den Stärkepaketübungen und an deinen inneren Motiven.
4. Überlege dir jetzt für den dritten Kreis, welche möglichen Tätigkeiten mit deinem Stärkenpaket in Frage kommen und welche möglichen Arbeitgeber oder Kundenzielgruppen dazu passen. Je größer die Überschneidung ist, umso erfolgreicher wirst du sein.

5. Sei offen für eventuelle Weiterbildungen, die dir Spaß machen und die Schnittmenge zum optimalen Arbeitgeber oder in die Selbständigkeit erweitern.

Nutze für diese Übung auch die Meinung anderer. Tausche dich mit ihnen darüber aus, befrage sie nach ihren Ideen und sammle alles, was dir weiterhilft.

Manchmal werden von uns Stärken gefordert, die wir gar nicht haben, und die dich ziemlich unter Druck setzen können. Das klassische Beispiel: Ein hochkompetenter Facharbeiter wird zum Chef seiner Abteilung befördert, weil man ihn aufgrund seiner hervorragenden Leistungen belohnen will. Wer das Zeug zum Top-Facharbeiter hat, verfügt aber nicht automatisch auch über die Fähigkeiten, die von einem guten Chef erwartet werden: Mitarbeiterführung, Empathie oder Kenntnisse im Umgang mit Budgets sind nicht jedermanns Sache. Plötzlich sind in diesen völlig neuen Aufgaben ganz andere Stärken gefragt. Wer diese nicht erfüllen kann, wird als schwach angesehen, die Betroffenen fühlen sich als Versager und versuchen, ihre Schwächen auszumerzen, anstatt ihre Stärken zu stärken. Das kann einen schnell überfordern und, wenn man nicht aufpasst, sogar krank machen.

Wenn du Fähigkeiten, Stärken und Talente hast, die du nicht gerne einsetzen möchtest, verlierst du diese auf deinem beruflichen Weg trotzdem nicht ganz aus den Augen. Denn sie sind eine wichtige Stütze für dein Selbstwertgefühl und verleihen ein Gefühl der Sicherheit. Und wenn alle anderen Stränge reißen, könntest du sogar damit wieder Geld verdienen. Alleine das verschafft ein gehöriges Maß an Gelassenheit.

Dazu zwei Beispiele von uns:
- Michaela wuchs im Pensionsbetrieb ihrer Eltern auf und lernte dabei viele praktischen Fertigkeiten der Gastronomie. Sie wäre also in der Lage, in dieser Branche zu arbeiten oder sich sogar darin selbstständig zu machen, aber es macht ihr zu wenig Spaß. Dieses Wissen jedoch im Hinterkopf zu haben, gibt ihr ein beruhigendes Gefühl.
- Oliver lernte in seiner Agentur im Laufe der Jahre, Webseiten zu programmieren und Suchmaschinenmarketing zu betreiben.

Da ihm diese Arbeiten aber keine besondere Freude bereiten, nutzt er dieses Wissen momentan nur zu eigenen Zwecken und spart eine Menge Geld für Agenturen.

Übrigens: Was die Grafik nicht widerspiegelt, ist der Fall, wenn deine Stärken gar nicht eingesetzt werden und du ständig *unterfordert* bist. Beispielsweise wenn ein Auszubildender ausfällt und du in den sauren Apfel beißt und seine Aufgaben übernehmen musst. Das ist kurzfristig sicherlich erträglich, aber wenn so ein Zustand länger anhält, kann er zum sogenannten „Bore-out" führen.

Welche drei Schlüsselerkenntnisse hast du aus diesem Denkzeug gewonnen? Bringe sie jetzt gleich auf den Punkt.

Der 6-Schritte-Workshop

Wo will ich hin?

Wie ich arbeiten will

> Nachdem du nun dein Stärkenpaket erarbeitet hast und genau weißt, was dich von innen heraus motiviert und antreibt, fügen wir in diesem Schritt alle Erkenntnisse zusammen und formieren deine Visionen und beruflichen Träume, so dass du am Ende ein ziemlich klares Bild haben dürftest, wo deine berufliche Reise hingehen soll.
> Bevor du jedoch deine bis hierher gewonnenen Erkenntnisse gleich auf den Punkt bringst und deine Visionsaussage definierst, möchten wir dich noch mit einigen philosophischen Gedanken zum Nachdenken anregen.

Unsere Arbeitskraft äußert sich in Taten, die irgendwie nach außen wirken und von anderen wahrgenommen werden. Dieses eigentliche Tun kann dabei in seiner Art und Weise sehr unterschiedlich sein und uns mehr oder weniger Freude machen. Es lohnt sich deshalb, einmal darüber nachzudenken, wie und wo wir jeden Tag ganz konkret wirken wollen.

Übung 25: Die nachfolgenden Listen helfen dir dabei, die Schwerpunkte in deiner zukünftigen täglichen Arbeit festzulegen.

1. Überlege, in welchem Tätigkeitsbereich du in Zukunft arbeiten möchtest. Es können auch zwei oder mehr Bereiche sein, die du dir gut vorstellen kannst. Das macht gar nichts. Gerade eine Kombination kann auch deine Einzigartigkeit ausmachen. Markiere den/die Bereich(e) in der ersten Spalte mit einem Häkchen und konkretisiere in der dritten Spalte deinen Wunsch. Je detaillierter, umso besser. Markiere den für dich wichtigsten Bereich zusätzlich mit einem Textmarker oder einer Umrandung.

☑	Bereich	Meine Ergänzungen
	Handwerk: Praktisches Arbeiten, Bau, Garten …	
	Technik: Ingenieurwesen, Elektronik, IT …	

Wissenschaft: Forschung, Entwicklung, Innovation, Erfindung	
Soziales: Pädagogik, Erziehung, Bildung, Gesundheitswesen, Pflege …	
Management: Unternehmertum, Selbstständigkeit, Führung, Beratung, Vertrieb …	
Organisation: Logistik, Statistik, Planung, Steuer, Buchhaltung, Finanzwesen, Recht, Qualitätssicherung …	
Kreativität: Grafik, Design, Gestaltung, Kunst (Musik, Schauspiel …), Schreiben …	
Sonstiges:	

2. Stell dir vor, dass du auf einer lockeren Party gefragt wirst, was du beruflich tust. Wie würdest du dich am liebsten vorstellen? Welche Beschreibung fühlt sich gut an für dich? Auch hier kannst du dich für mehrere entscheiden und etwas Eigenes in der letzten Zeile dazuschreiben.

Wenn du an mehreren Bezeichnungen ein Häkchen setzt, bewerte jeden einzelnen auf einer Skala von 1 – 10 (1 = nur ein bisschen, 10 = immer) und ergänze, warum sich das gut anfühlt. Hebe auch hier das Wichtigste hervor.

Ich möchte am liebsten ... sein	Wert	Das fühlt sich gut an, weil ...
○ Unternehmer/Selbstständig ○ Dienstleister ○ Berater/Trainer/Coach ○ Vermittler/Mediator ○ Künstler ○ Händler ○ Führungskraft/Entscheider ○ Vertriebskraft ○ Politiker ○ Repräsentant ○ Organisator ○ Hersteller/Produzent ○ Erfinder/Innovator ○ Entwickler/Konstrukteur ○ Gestalter ○ Programmierer ○ Techniker ○ Ingenieur ○ Controller ○ Planer ○ Forscher ○ Wissenschaftler ○ Schriftsteller/Autor ○ Handwerker ○ Verwalter ○ Assistent/Sachbearbeiter ○ Mediziner/Arzt ○ Helfer ○ Heiler ○ Erzieher/Lehrer ○ Motivator ○ Unterhalter ○ Vor-/Mitdenker ○ Wettkämpfer ○ Etwas ganz anderes, nämlich		

3. Mit wem oder was beschäftigst du dich am liebsten und kannst du am besten umgehen? Mehrfachnennung auch hier möglich. Dann wieder bewerten von 0 – 10 (0 = nie, 10 = immer) und das Wichtigste für dich farbig hervorheben.

☑ Am liebsten beschäftige ich mich mit ...	weil ...
Menschen	
Tiere	
Wertgegenständen und Immobilien	
Finanzanlagen	
Technischen Produkten (Maschinen, Werkzeuge)	
Elektronischen Geräten (PC, Smartphones ...)	
Beförderungsmitteln (Bahn, Autos, Fahrräder, Schiffe ...)	
Fashionprodukt (Schuhe, Kleidung, Schmuck ...)	
Wohnungsinventar (Möbel, Deko ...)	
Baustoffen (Holz, Metall, Glas, Stein, Stoff, Papier)	
Lebensmittel	
Erde, Pflanzen, Fossilien	
Medizinprodukten	
Sonstiges	

Welche drei Schlüsselerkenntnisse hast du aus diesem Denkzeug gewonnen? Bringe sie jetzt gleich auf den Punkt.

Option Selbstständigkeit

> Viele Leser der ersten Auflage hegten den Gedanken, ihren Job hinzuschmeißen und sich selbstständig zu machen. Der Auslöser dafür war nicht selten eine Entlassung, aber in der Regel steckte ein hohes inneres Motiv der Unabhängigkeit dahinter. Daher möchten wir die Frage „Selbstständig machen oder nicht" ein wenig mehr Raum geben und sie im Zusammenhang mit dem inneren Ruf unter die Lupe nehmen. Vielleicht kommt dieses Thema für dich erst einmal gar nicht in Frage, dann überspringe gerne dieses Kapitel. Wenn aber doch, findest du hier sicherlich einige interessante Denkansätze. Denn sowohl Selbstständige als auch Angestellte müssen ihre Kunden bzw. Arbeitgeber zufrieden stellen, um weiter Arbeit zu haben.

Der Schritt in die Selbstständigkeit will gut überlegt sein. Allein der Wunsch, unabhängig sein zu wollen, reicht nämlich nicht aus, denn oft tauscht man nur eine Abhängigkeit gegen eine andere ein. Zudem kann man oft nicht mehr nur das tun, was mal die eigentliche Leidenschaft war, sondern übernimmt viele zusätzliche Aufgaben.

Laut einer Studie des amerikanischen Magazins Inc. gaben die befragten Unternehmer an, dass das Schwierigste an ihrem Job sei, mehrere Rollen gleichzeitig übernehmen zu müssen, was sie massiv unter Stress setzt. 90% gaben an, mehr als zwei Rollen gerecht werden zu müssen. Das heißt, dass beispielsweise die Gabe, gut kochen zu können, noch nicht für den erfolgreichen Betrieb eines Restaurants genügen. Denn plötzlich musst du auch zum Einkäufer, Verkäufer, Hygienemanager, Marketing- und Steuerspezialisten werden.

Wenn deinem Stärkenpaket diese Vielseitigkeit jedoch fehlt, solltest du dich also entweder von dem Selbstständigkeitswunsch verabschieden oder zumindest bereit sein und die notwendigen Mittel haben, Kooperationspartner oder Angestellte für die Rollen zu suchen, die du nicht selbst ausfüllen willst oder kannst.

Nachfolgend findest du einige Übungen und Impulse, die uns in unserer Selbstständigkeit immer wieder geholfen haben.

Nimm deine Motivation unter die Lupe

Die inneren Motive, die du in Schritt 3 kennengelernt hast, sind auch bei der Frage „Selbstständig machen oder nicht?" eine große Hilfe.

Übung 26: Die nachfolgende Tabelle zeigt die für eine Selbstständigkeit wichtigsten Motive mit einer idealen Werteangabe, in dessen Bereich Ihr Wert fallen sollte. Übertrage dazu aus dem Denkzeug „Meine inneren Motive und mein Antrieb" in Schritt 3 deine Werte zu den aufgeführten Motiven und setze ein Kreuz in der letzten Spalte, wo sich dein Bereich nicht in dem Sollwertbereich befindet.

Inneres Motiv	Anforderungen	Soll	Wert	Lücke
Abenteuer	Mutig; risikobereit; belastbar; kann mit Stress gut umgehen	2-4		
Bestätigung	Selbstbewusst; braucht kein Lob von anderen; weiß, was er kann;	0-2		
Bewahren/ Tradition	Innovationsfreudig; flexibel; veränderungslustig	1-3		
Bewegung/ Aktivität	Aktiv, bewegungsfreudig, umtriebig	2-4		
Einfluss/Macht	Zielstrebig; verhandlungsstark entscheidungsfreudig;	2-4		
Finanzielle Sicherheit	Hat Überblick über Finanzen; gefährdet nicht finanz. Rückhalt	2-4		
Gerechtigkeit	Fair, nehmen und geben im Einklang	1-3		
Hilfsbereitschaft	Unterstützend, hilfsbereit, Verantwortung abnehmend	1-3		
Ordnung/ Struktur	Strukturiert; planend; pflichtbewusst; zuverlässig	2-4		
Perfektionismus	Perfektionistisch; qualitätsbewusst, detailorientiert	1-3		
Sichtbarkeit/ Außenwirkung	Präsent; will sich zeigen, abheben, besonders sein; kann sich verkaufen, vermarkten;	2-4		
Unabhängigkeit	Selbstständig; unabhängig; selbstverantwortlich	2-4		
Wettbewerb	Kämpferisch; durchhaltend; konkurrenzfähig	2-4		
Wissensdurst	Wachstums-/Entwicklungsorientiert, lernfreudig	2-4		

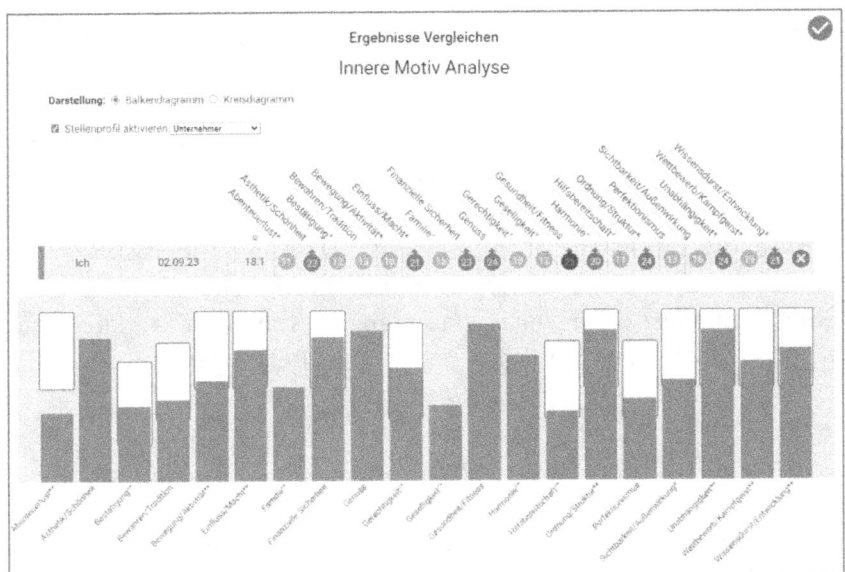

Beispiel ausführliches IMA© Unternehmerprofil:

Auswertung
Wenn du in der letzten Spalte keine Kreuzchen gesetzt hast, bist du vom eigenen Antrieb und der Motivation her für eine Unternehmertätigkeit bestens gewappnet. Dann geht es nur noch darum, diese auf den Weg zu bringen.

Aber selbst, wenn du ein oder mehrere Kreuzchen gesetzt hast, musst du nicht gleich den Mut verlieren. Auch bei uns stehen hier und da ein paar Kreuzchen. Deswegen haben wir uns ja auch zusammengetan und ergänzend externe Kooperationspartner gesucht, die das übernehmen, was wir weder gerne noch gut machen. So verlieren wir keine kostbare Zeit und können uns den Aufgaben widmen, die wir gerne tun und in denen wir Experten sind. Das spart uns Zeit und bringt mehr Geld.

Beziehe die Motive von Partner und Familie ein

Wenn du verheiratet bist oder Lebenspartner und Kinder hast, empfehlen wir, dir erst einmal ein förmliches "Ok" von Partner oder Familie geben zu lassen, bevor du dich in das Abenteuer Selbstständigkeit stürzt. Wir haben in unseren Beratungen schon oft erlebt, dass Beziehungen in die Brüche gingen, weil gemeinsame Freizeit und Finanzen besonders in der Gründerphase auf ein sehr niedriges Niveau schrumpfen können. Frage dazu einfach deinen Partner, wie wichtig ihm auf der Skala von 0 - 4 die inneren Motive „Familie", „Finanzielle Sicherheit", „Genuss" und „Unabhängigkeit" sind. Ist der Wert bei einem der ersten drei bei „4" oder bei Unabhängigkeit bei „0" oder weicht er deutlich von deinen Werten ab, dann kannst du davon ausgehen, dass es früher oder später zu Differenzen und Diskussionen zwischen euch kommen wird. Am besten, du findest dann gleich von Anfang an Kompromisse dafür und ihr legt Regeln fest, an die sich beide Seiten halten müssen.

Lieber Selbstständiger oder Unternehmer?

Eine entscheidende Frage, über die du dir gleich von Anfang an klar sein solltest, ist, ob du als Anwalt, Arzt, Friseur, Teppichreiniger, Schreiner, Coach etc. einfach selbstständig sein willst, oder doch lieber Unternehmer mit eigener Produktion, Fabrik, Konzern und vielen Mitarbeitern werden möchtest. Ein Selbstständiger wählt nicht nur eine andere Geschäftsform, sondern entwickelt und liefert sein Angebot selber und verkauft oft nur seine eigene Zeit. Er arbeitet mehr *im* Unternehmen. Ein Unternehmer dagegen arbeitet mehr *am* Unternehmen. Er versucht schnell zu skalieren, wenn möglich sogar international, um über kurz oder lang ein von seiner persönlichen Zeit unabhängiges Produkt- oder Dienstleistungssortiment anzubieten und holt sich schnellstmöglich Mitarbeiter für die im Unternehmen anfallenden Tätigkeiten.

Übung 27: Kreuze an.

Ich sehe mich eher als:

- ○ Selbstständiger
- ○ Unternehmer

Produkt-Markt-Kunde

Insbesondere wenn du ein vollkommen neues Geschäft aufziehen möchtest, sollten zumindest drei elementare Komponenten vorhanden sein:
- Dein Produkt oder deine Dienstleistung,
- ein Markt, in dem bereits Ähnliches angeboten wird und
- Kunden, die ganz konkrete Probleme oder Wünsche haben, die du mit deinem Angebot befriedigen kannst und bereits nach etwas, was du anbietest, suchen (siehe auch dein Berufungsmodell).

Produkt: Was genau willst du anbieten?

Du hast in den vorhergehenden Denkzeugen viel über deine Stärken und inneren Motive erfahren und hast vielleicht schon eine Vorstellung davon, welches Produkt oder welche Dienstleistung du anbieten möchtest.

Übung 28: Kreuze an, worin du dich in deiner Selbstständigkeit am ehesten wiederfindest.

Ich möchte folgendes machen:
- ◯ Influencerin sein
- ◯ eine Dienstleistung bereitstellen (Liefer-Service, Reparatur-Service, Coaching, Steuer-/Rechts-, andere Beratung, ...)
- ◯ Produkte entwickeln, herstellen
- ◯ handwerklich tätig sein
- ◯ therapeutisch arbeiten (als Arzt, Psychologe, Physiotherapeut, ...)
- ◯ mit etwas handeln in einer eigenen Agentur (Versicherungen, Werbemittel, Reisen, Aktien ...)
- ◯ Informationen, Lernerfahrungen liefern (als Lehrer, Trainer, Reiseleiter, Online-Kurs-Anbieter, Schulungsplattform, ...)
- ◯ künstlerisch arbeiten (Filme drehen, ein Lied komponieren, singen, malen, schreiben, designen, schauspielern, ...)
- ◯ eine Software entwickeln
- ◯ Anderes: _____

Beschreibe, wo du dich siehst, hier noch genauer:

_____

_____

Markt & Kunde:
Gibt es einen Markt für dein Angebot?

Vielleicht hast du sogar schon eine Vorstellung, wie du vorgehen willst und wie die Prozesse und Abläufe in Bezug auf Einkauf, Verkauf und Marketing strukturiert sein werden. Aber wie sieht es mit dem Bereich Markt/Kunden aus? Kennst du schon deinen Markt und deine Zielgruppe? Hast du schon geprüft, ob dein Angebot auch gekauft wird? Wenn es keinen Markt für dein Angebot gibt, verschenkst du sehr wahrscheinlich eine Menge Zeit und Geld für die Entwicklung deines Produkts oder deiner Dienstleistung, für Prozesse und Verkaufsabläufe oder für das Marketing in Form von Webseitengestaltung, Flyer, Broschüren und so weiter.

Dabei geht es nicht nur um die Frage, ob die Welt braucht, was du anbietest, sondern vor allem, ob Kunden dafür bezahlen. Erst wenn du das sicher weißt, solltest du Zeit und Geld investieren. Beispielsweise hatte ein großer Teil der Leser aus der Ursprungsbuchversion „Alles Anders" den großen Wunsch, ihre Erfahrung und ihr Wissen als selbstständiger Coach anzubieten.

Aus eigener Erfahrung wissen wir jedoch, wie schwierig es ist, zahlende Kunden dafür zu finden, denn diese Dienstleistung funktioniert überwiegend über Weiterempfehlung. Hat man sich als Coach aber nicht bereits mit einem Thema oder in einer Nische positioniert, in dem bzw. der man Experte ist (z. B. Kommunikationscoaching, Businesscoaching, Paarcoaching etc.), geben viele Kunden ihre Adresse nur ungern weiter. Denn wer will sich schon damit outen, dass er Hilfe nötig hatte? Dieses Geschäft also ins Rollen zu bringen, kann sehr mühsam und langwierig sein, mal ganz davon abgesehen, dass die Konkurrenz jeden Tag stärker wird.

Mach deshalb einen rigiden Markt- und Kundencheck für dein Angebot und modifiziere deine Idee so lange, bis sie einen regelrechten Kundensog erzeugt.

Suche dazu den direkten Dialog mit deinen Wunschkunden und versuche, sie dazu zu bringen, schon in der Anfangsphase für ein „minimal fertiges Produkt" echtes Geld auf den Tisch zu legen. Das kostet zwar Mut, ist aber ein untrügliches Zeichen dafür, dass du auf dem richtigen Weg bist. Und verkaufen musst du so oder so früher oder später.

Auch wenn selbst dein bester Freund dir nichts abkaufen würde, wenn er zu deiner Zielgruppe gehören würde, ist das ein eindeutiges negatives Zeichen und du solltest weiter an deiner Idee arbeiten.

Verzettle dich nicht

Je klarer du dein Businesskonzept erarbeitest und je eindeutiger du dich positionierst, desto größer sind die Chancen für einen Erfolg. Mit diesem Punkt haben auch wir immer wieder gekämpft. Wir haben über die Jahre so viel an Erfahrung, Wissen, Stärken und Fähigkeiten gesammelt und lieben es kreativ zu sein, so dass auch wir lange Zeit Gefahr liefen, uns ständig zu verzetteln, und auf die Frage „auf was wollen wir uns konzentrieren?" zurückkommen mussten. Schließlich haben wir dafür ein eigenes Denkzeug, den PocketCoach® Business entwickelt. Das hält uns seitdem auf der Spur und wir haben nicht nur ein fein definiertes Businessmodell, das auf unsere Vision aufbaut, sondern auch eine klare Strategie, mit der wir jeden Tag genau wissen, was heute zu tun ist.

Es tat auch uns früher einfach weh, Dinge, die wir gerne tun, wieder loszulassen oder Anfragen, die mal wieder mit etwas ganz anderem, ebenfalls Spannendem oder Lukrativem zu tun haben, abzusagen.

Wenn du jedoch ein „Jack of all trades, master of none" oder auf gut Deutsch ein „Bauchladen" oder „Hansdampf in allen Gassen" bist, ist es schwierig für deine Kunden zu verstehen, wo genau du Experte bist, und warum sie ausgerechnet bei *dir* kaufen sollen.

Wolfgang Mewes, Erfinder der „Engpasskonzentrierten Strategie (EKS)" hat in seinem Lehrgang sehr schön dargestellt, welche Vorteile eine Spezialisierung bringen kann. Wir haben diese Strategie auch in unseren PocketCoach® Business als wichtigen Teil integriert. Das sind die Hauptpunkte aus der EKS:

1. *Konzentration der Kräfte auf die stärksten Stärken und Spezialisierung*
   Was kannst du mit deinem einzigartigen Stärkenpaket besser als der Wettbewerb? Womit kannst du dich abheben und zum Experten werden? Welches Problem kannst du mit deinem Stärkenpaket am besten lösen?
2. *Orientierung der Kräfte auf eine eng umrissene Zielgruppe*
   Wer passt am besten zu dir und braucht dein Angebot am dringendsten? In welcher Zielgruppe liegen die größten Chancen? Welcher Zielgruppe „brennt der Kittel" am meisten?
3. *Lücke/Marktnische finden und sich darin entwickeln*
   Welcher Bereich ist nur lückenhaft abgedeckt? Welches noch fehlende, stark verbesserte oder einzigartige Angebot kannst du bieten?

Behalte deine Finanzen im Blick

Viele trauen sich oft erst gar nicht, mit einer Selbstständigkeit loszulegen, weil sie glauben, dass sie in der Selbstständigkeit finanziell nicht überleben können. Andere fangen einfach an und sind dann überrascht, wie schnell die finanzielle Luft ausgeht. Daher ist es wichtig, sich eine Übersicht zu schaffen und so gut es geht zu berechnen, wie viel Zeit und Geld du benötigst, um in den Gewinnbereich zu kommen und zu bleiben.

Kapital und regelmäßiger Cashflow sind mit die wichtigsten Faktoren für eine erfolgreiche Selbstständigkeit. In Schritt 5 kannst du mit unserem Finanzcheck auch prüfen, wie groß die Lücke ist, die du eventuell schließen musst. Es gibt zwar immer wieder mal Storys von erfolgreichen Start-ups, die in der Garage praktisch ohne Starkapital angefangen haben, aber aus unserer Erfahrung sind das die Ausnahmen und werden deswegen in den Medien auch so hochgekocht. Bis eine Selbstständigkeit so richtig Früchte trägt, dauert es in der Regel einige Jahre. Der Großteil gescheiterter Start-ups muss nur deswegen aufgeben, weil das Geld ausgeht. Aber das muss nicht mehr sein. Heute gibt es viele alternative Möglichkeiten der Geldbeschaffung.

Vielleicht startest du erst in Teilzeit und sicherst das Grundeinkommen über eine Festanstellung ab. Oder du suchst dir einen finanzstarken Partner. Es gibt auch Crowdfunding- Internetportale, in denen man seine Idee vorstellen und auf Markttauglichkeit prüfen und – bei Erfolg – gleichzeitig Kapital einsammeln kann. Auch Inkubatoren, die Jungunternehmer unterstützen und als Mentoren begleiten, bieten im Tausch gegen Anteile Kapital und Werbepower an. Natürlich kannst du auch die klassische Variante wählen und dir Geld bei einer Bank leihen, wenn du bereits zahlende Kunden hast und dein Geschäft noch weiter ausbauen möchtest. Achte aber immer darauf, weder dein gesamtes angespartes Vermögen oder deine Rentenrückstellungen aufs Spiel zu setzen. Uns hat zum Beispiel die IHK bei der Gründung am Anfang geholfen und weitergebracht. Auch staatliche Fördermaßnahmen gibt es unzählige, wo es auf jeden Fall wert ist, sich damit auseinander zu setzen.

> Welche drei Schlüsselerkenntnisse hast du aus diesem Denkzeug gewonnen? Bringe sie jetzt gleich auf den Punkt.

Meine Visionsaussage

Das letzte Denkzeug in diesem Schritt widmen wir nun deiner Visionsaussage – der Basis zur Herausarbeitung deines Aktionsplans und der Erfüllung deiner Berufungsträume. Eine berufliche Vision ist ein klares mentales Bild über das, was du werden und konkret tun willst. Noch baut sie vielleicht auf deinem Glauben oder Wunschdenken auf, doch in deinen vielen positiven Eigenschaften, die du durch diesen Workshop kennengelernt hast, ist deine Vision verankert und der Prozess bereits in Gang gesetzt.

Eine persönliche Visionsaussage zu formulieren und schriftlich festzuhalten ist ein schöpferischer Akt, der deinen beruflichen Traum auf lange Sicht lebendig hält und dich immer wieder an ihn erinnert. Ferner ist sie ein nützliches Werkzeug, wenn du dich zwischen zwei gleichermaßen verlockenden Angeboten entscheiden musst. Dann kannst du dich fragen: „Welches der beiden ist näher an meiner Vision dran oder könnte ein hilfreicher Schritt in diese Richtung sein?"

Übung 29: Wir knüpfen jetzt an die beiden Denkzeuge „Mein Lebensweg" und „Das Berufungsmodell" aus Schritt 3 und das Denkzeug „Wie ich arbeiten will" aus Schritt 4 an.

Hol dir deine Aufzeichnungen hervor und beantworte die nachstehenden Fragen, indem du einen imaginären Tag in deiner Zukunft beschreibst. Beschränke dich nicht auf das, was du heute für möglich hältst. Wage es, dir die Situation auszumalen, die du dir am meisten wünschst, auch wenn sie dir (noch) unmöglich erscheint.

Mach es wie Walt Disney: Blende beim Definieren deiner Traumvision erst mal alle „Wenn …, dann …" und „Ja, aber …" Sätze aus (darum kümmern wir uns später) und verschwende (noch) keine Gedanken auf die praktische Umsetzbarkeit (das folgt dann im letzten Schritt). Nur so konnten Millionen Menschen in den Genuss vieler wunderbarer Disney-Filme kommen.

Wo genau befindest du dich, wenn du morgens aufwachst?

Was siehst du? Was riechst du? Wie fühlst du dich?

_____

Welche Sprache hörst du?

_____

Bist du allein oder wer liegt neben dir?

_____

Welche Kleidung ziehst du an? Wie siehst du aus?

_____

Wohin gehst du, um deine Aufgaben auszuführen?

_____

Wie kommst du dorthin?

_____

Wen triffst du dort alles an?

_____

Wie denken diese Menschen über dich?

_____

Wie denkst du über sie?

_____

Was tun diese Menschen?

_____

Wie sieht deine Umgebung aus? Was siehst du? Was hörst du? Was riechst du? Wie fühlst du dich?

_____

Bleibst du an diesem Ort oder gehst du noch woanders hin?

_____

Welche Aufgaben stehen dir heute bevor?

_____

Wie sehen deine Aktivitäten genau aus? Welcher Natur sind sie - physischer, verwaltender, emotionaler, kreativer, ...?

_____

Für wen erledigst du deine Aufgaben? Wer hat etwas davon?

_____

Welchen Nutzen hat deine Arbeit für andere?

_____

Wie lange dauert dein Arbeitstag?

_____

Wie und mit wem verbringst du die Pausen?

_____

Wie und wann endet dein Arbeitstag?

___

Wie fühlst du dich am Ende des Arbeitstages?

___

Wie entspannst du dich im Anschluss daran in deiner Freizeit?

___

Wie wächst du persönlich durch deine Tätigkeit?

___

Wie erklären die Mitglieder deiner Familie anderen, was du tust?

___

Für wen und wofür wirst du als Experte gesehen?

___

Wie wird die Realisierung deiner Vision dein Leben verändert haben?

___

Übung 30: Jetzt bringe alles auf den Punkt und formuliere deine ganz persönliche Visionsaussage. Inhaltlich sollte die Visionsaussage die unten aufgelisteten Kriterien erfüllen, indem sie

- deine bis hierhin erarbeiteten essenziellen Punkte einbezieht,
- genügend ins Detail geht, um Bedeutung zu haben,
- sich einfacher Worte bedient,
- einen gewissen Spielraum in der Umsetzung gewährt,
- eine übergeordnete Perspektive hat, die über die Alltagsebene hinausgeht,

- deine Fantasie herausfordert und dir hilft, aus gewohnten Bahnen auszubrechen,
- auf mindestens drei bis zehn Jahre angelegt ist,
- eine konstante Gültigkeit besitzt, die durch berufliche Veränderungen zwischendurch nicht in Frage gestellt wird.

Sammle zunächst folgende Punkte in der nachfolgenden Tabelle:

1. Dein Vor-/Nachname	Dein Name:
2. Bezeichnung deiner neuen Tätigkeit	Du kannst dafür eine bereits bekannte Berufsbezeichnung verwenden, aber auch gern etwas ganz neues erfinden:
3. Wunschwohn-/Wunscharbeitsort, Land	Ort/Land, wo du gerne arbeiten, leben möchtest (es können auch mehrere Orte sein):
4. Deine drei Hauptfähigkeiten/-stärken/-talente	Hol dir aus dem Denkzeug „Meine Fähigkeiten, Stärken und Talente" die drei Tätigkeiten hervor, worin du am besten bist und die du gleichzeitig gern einsetzt. Verwende dafür Hauptwörter:
5. Deine drei bis fünf Dinge, die du am liebsten tust	Gebe hier drei bis max. fünf Tunwörter/Verben ein, die deine Stärkenpaket UND inneren Motiven entspringen (z. B. entwickeln, beraten, forschen, lehren, schreiben, kochen, produzieren, anbieten, aufbereiten, erstellen, verkaufen ...):
6. Was du tust, herstellst oder anbietest	Schreibe hier, welche Art von Tätigkeit / Dienstleistung du anbietest oder welches Produkt du als Selbständige(r) herstellst oder anbietest:
7. Für wen du es tust, d.h. die Nutznießer deiner Tätigkeit	Wer profitiert und trägt den größten Nutzen davon? Wenn du dich selbstständig machen willst, trage hier deine Wunschzielgruppe ein und beschreibe sie so genau wie möglich. Wenn du angestellt bist und bleiben willst, kann es die Traumfirma, eine besondere Person als Chef, eine Gruppe von Menschen (z. B. Kinder) eine Abteilung (z. B. Qualitätssicherung), Kollegen (z. B. die Vertriebler) oder auch die Kunden sein. Wichtig ist, dass du den- oder diejenigen, für die du tätig bist, gerne magst.
8. Dein Ziel - der Grund, warum/wofür du es tust	Hier gibt es zwei Möglichkeiten, die Beantwortung anzugehen. 1. Hol dir aus dem Denkzeug „Meine inneren Motive" deine höchsten inneren Motive hervor. Diese zeigen deinen Grundantrieb. Z. B. bei „Gesundheit" möchtest du wahrscheinlich dazu beitragen, dass die Menschen und die Welt gesünder werden oder gesund bleiben, bei „Gerechtigkeit" möchtest du wahrscheinlich für Gerechtigkeit / Fairness sorgen, bei „Wissensdurst" möchtest du etwas Bestimmtes dazu beitragen, dass man leichter, besser lernen kann usw. 2. Frage dich, wann du etwas wiederkehrend als richtig ungerecht empfindest oder worüber du dich immer wieder aufregst und überlege, was du stattdessen gerne hättest (z. B. Klima verbessern, bedürftigen Menschen helfen, ...).
9. Zielzustand in 5 Jahren	Überlege dir, was du in 5 Jahren erreicht haben willst.
10. Datum	

Formuliere nun deine Visionsaussage in der dritten Person. Sie muss nicht gleich beim ersten Mal perfekt sein, sondern kann zu jeder Zeit weiter feingeschliffen werden.

> *(1. Vor und Zuname)* .... ist *(2. Tätigkeitsbezeichnung, auch erfundene)* .... in *(3. Wohnort, Land)* ....
> Mit ihren/seinen *(4. Hauptstärken)* .... *(5. Was du am liebsten tust)* .... er/sie *(6. Konkrete Dienstleistung/Produkt)* ....
> Damit hilft *(1. Vor und Zuname)* .... *(7. Nutznießer)* .... , um *(8. Ziel/Grund)* ....
> Bis in 5 Jahren erwartet *(1. Vor- und Zuname)* .... , dass *(Zustand, den du dir bis dahin wünschst)* ....
> 9. Datum ....

Um zu illustrieren, wie die fertige Formulierung einer persönlichen Visionsaussage aussehen kann, haben wir ein paar Beispiele angeführt. Unsere Visionsaussagen haben uns in den letzten Jahren stets begleitet und immer wieder unsere Handlungen und Entscheidungen unterstützt.

- Michaela Lang ist Unternehmerin, Denkzeuge-Entwicklerin und Autorin in Spanien. Mit ihrer Kreativität, ihrer Empathie und ihrem strukturiertem Denken entwickelt und gestaltet sie haptische und elektronische Denkzeuge und Beratungstools, schreibt Bücher und zieht die unternehmerischen Fäden. Damit hilft sie weiterentwicklungshungrigen Menschen effektive Impulse zu bekommen, um tiefgreifende Veränderungen in ihrem Leben anzustoßen, damit mehr Zufriedenheit und Gesundheit erreicht werden kann.

- Oliver Fritsch ist Wissensforscher, Konstrukteur und Autor in Spanien. Mit seinem großen elektronischen Wissensschatz, seinem Produktentwicklungs-Know-how und seinem Recherche- und Erfindergeist entwickelt und gestaltet er effektive Denkzeuge und Instrumente in Form von Produkten, Büchern, E-Books, Apps und Software. Damit verhilft er Unternehmen und Menschen zu mehr selbstverantwortlichem Handeln, besserer Integration und gegenseitiger emotionaler Bindung sowie mehr Zufriedenheit im Gesamtsystem.

- Thomas Müller ist Produzent von hochwertigem Bio-Katzenfutter in Herrenberg. Dank seiner Erfahrungen als Biobauer und Informatiker produziert und betreibt er eine Plattform für Katzenliebhaber, die es ermöglicht, Katzenfutterzutaten beliebig nach Kundenwünschen zusammenzustellen und im Abonnement weltweit zu verschicken. Damit hält er Katzen gesund und macht Katzenliebhaber glücklich. Er erwartet, das er innerhalb von fünf Jahren Marktführer im organischen Katzenfutterbereich werden wird.

- Carmen Schreiber bietet Klangarbeit zur ganzheitlichen Stimmentwicklung in Verbindung mit Körperarbeit (Yoga und Reiki) in Freiburg an. Damit gibt sie ihre Leidenschaft für Musik an Kunden weiter, die sich uneins mit ihrer Stimme fühlen und die Lust und Neugierde empfinden, sich neu zu entdecken. Bis in fünf Jahren erwartet sie, dass sie 11 Franchisepartner in Deutschland hat, die mit ihrer Methode profitabel arbeiten und ihr 50.000 Euro pro Jahr an Lizenzgebühren überweisen.

Tausche dich auch darüber mit deinem unterstützenden Umfeld aus und formuliere sie eventuell gemeinsam mit jemand anderem.

Welche drei Schlüsselerkenntnisse hast du aus diesem Denkzeug gewonnen? Bringe sie jetzt gleich auf den Punkt.

Der 6-Schritte-Workshop

Was hindert mich noch?

Äußere Hindernisse beseitigen

> Aufgrund einer Vielzahl von Umständen und Hindernissen kann deine Karriere eine andere Richtung genommen haben, als es deinem Innersten entspricht, und dich damit an deiner Entfaltung hindern. Warum du dich bisher mit weniger zufriedengegeben hast als notwendig, kann unterschiedliche Gründe haben. In unseren Augen gehören dazu sowohl äußere als auch innere Hindernisse, die beseitigt werden müssen.

Zu den äußeren Hindernissen zählen wir:
- **Fehlende Selbstverantwortung** Die Bereitschaft, es endlich anzupacken und zu verändern, war bisher zu gering oder fehlte ganz.
- **Zeitmangel** Wenn der momentane Job keine Zeit zum Atmen lässt oder man glaubt, dass es schon zu spät ist, oder weil man einfach alles immer wieder auf morgen verschiebt.
- **Geldnöte und Sicherheitsbedürfnis** Entweder man fürchtet, dass man monatlich nicht mehr über die Runden kommt, oder das Startkapital für eine gewünschte Selbstständigkeit fehlt.
- **Zu große Fremdbestimmung** Wenn die Relikte der Erziehung noch wirken oder weil andere besser wissen wollen, was gut für einen ist.

Zu den inneren Hindernissen gehören:
- **Zu geringes Selbstwertgefühl** Das Vertrauen in sich selbst, es zu schaffen, ist zu gering und der Verstand blockiert mit vermeintlich logischen Argumenten und festgefahrenen Thesen den inneren Antrieb.
- **Motivbasierende Blockaden und Grenzen** Sie beeinflussen das Selbstbild, führen zu Uneinigkeit zwischen Herz und Verstand oder zementieren die bequeme Komfort-Zone.

Die gute Nachricht: Durch den Kauf unseres Buches kannst du den Punkt „fehlende Selbstverantwortung" schon mal getrost abhaken. Mit den restlichen Punkten beschäftigen wir uns in diesem Schritt.

Starten wir mit den äußeren Hindernissen Zeitmangel, Geldnöte und zu großer Fremdbestimmung.

Zeitmangel - wo läuft meine Zeit hin?

Zeit war immer schon ein kostbares Gut. Aber seitdem das Internet in unser Leben getreten ist, scheint sie uns zwischen den Fingern nur so durchzurieseln. Über eine grenzenlose Anzahl von Kanälen stürzt tagtäglich eine neue Flut an Informationen, Anforderungen und Versuchungen auf uns ein, die sich kaum noch bewältigen lässt. So wird Zeit zu einer immer knapperen Ressource.

Gerne geben wir anderen (Staat, Chef, Kollegen, Partner, Kinder, Eltern, Banken) die Schuld für unseren Stress. Aber wenn wir ehrlich sind, wissen wir, dass das nicht der Wahrheit entspricht. In Wirklichkeit verfügen weder das Internet oder äußere Umstände noch andere Menschen über die Macht, unsere Zeit zu verplempern. Es ist vielmehr unsere eigene Aufgabe, darüber zu bestimmen, wie wir die 24 Stunden, die wir jeden Tag zur Verfügung haben, für Dinge einsetzen, die uns am Herzen liegen. Nicht anders als Multimilliardäre oder Bundeskanzler.

Tatsache ist, dass wir – zumindest in Westeuropa – in einem System leben, das niemandem vorschreibt, mit welchem Energieaufwand und Leistungseinsatz er seinen Tag, seine Arbeit und seine Freizeit bestreiten muss. Sklaverei und Leibeigenschaft wurden 1956 von den Vereinten Nationen offiziell abgeschafft, und in fortschrittlichen Ländern herrscht das Prinzip der Freiheit und Demokratie. Niemand wird dazu gezwungen, in einem Job zu bleiben, der ihn fertigmacht und - wie es immer öfter der Fall ist - in den Burnout treibt. Im Normalfall gilt: Du bist frei und kannst dich jeden Tag aufs Neue entscheiden, ob du all das wirklich tun musst oder nicht lieber etwas anderes tun willst. Jeder Augenblick beinhaltet eine neue Chance! Eine neue Chance,

- sich aus alten Mustern und Abhängigkeiten zu befreien,
- die Situation zu verändern,
- sich neu zu erfinden.

Übung 31: Fülle mit zwei verschiedenfarbigen Stiften den nachfolgenden Kreis mit deinen alltäglichen Aktivitäten. Benutze dabei am besten deine Lieblingsfarbe für die Aktionen, die dir Freude bereiten und eine andere Farbe für alles, was dir keinen Spaß macht. Sei ganz ehrlich dabei!

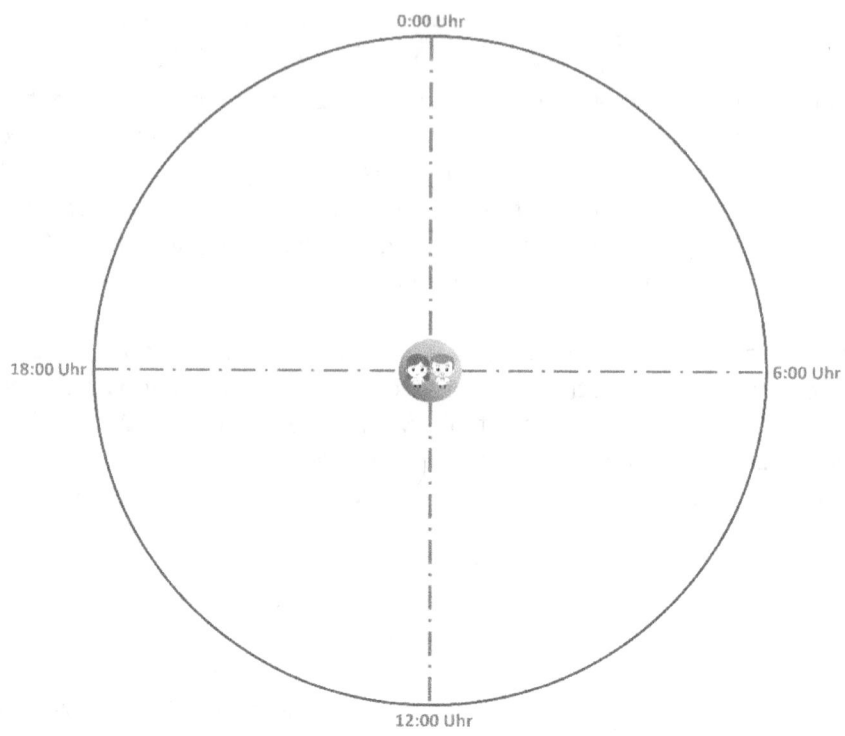

Wieviel Prozent deiner Herzensdinge finden durchschnittlich Platz in deinem Alltag? _____%

Welchen prozentualen Anteil deiner Zeit verbringst du mit unliebsamen Aktivitäten, die dich stressen? _____ %

Benenne diese Aktivitäten, über die du dich hinterher ärgerst und die du definitiv aus deinem Alltag verbannen musst, hier konkret (insbesondere, wenn sie deine berufliche Vision behindern):

_____

_____

_____

_____

Die Verbindung zwischen Zeit und Gesundheit

Ganz ehrlich – hast du jetzt wirklich ALLE Aktivitäten aufgeschrieben, die dir keine Freude machen – also auch die, bei denen du dich verpflichtet fühlst und keine Möglichkeit siehst, sie aus deinem Alltag zu verabschieden?

Dann frage dich:
Wie lange willst du die freudlosen Dinge noch tun? Oder anders gefragt, wie lange *kannst* du so weitermachen bzw. wird dein Körper oder deine Gesundheit da mitspielen?

Der Körper ist deine biologische Realität. Für ihn gelten bestimmte Funktions-, Entwicklungs- und Alterungsgesetze. In ihm steckt das Potenzial für Widerstandskraft, Langlebigkeit, sprühende Energie und Schönheit, er ist aber auch Plattform für fehlende Energie, Müdigkeit, und Krankheit. Dein Körper ermöglicht es dir, zu handeln und Veränderungen in Gang zu setzen oder verwehrt dir das, wenn es genug ist.

Wusstest du, dass dein Körper bereits 70 Prozent seiner Reserven aufgebraucht haben kann, bevor er dich mit spürbaren Beschwerden konfrontiert? Es machen sich also erst Krankheitssymptome bemerkbar, wenn nur noch 30 Prozent der Gesundheit vorhanden sind.

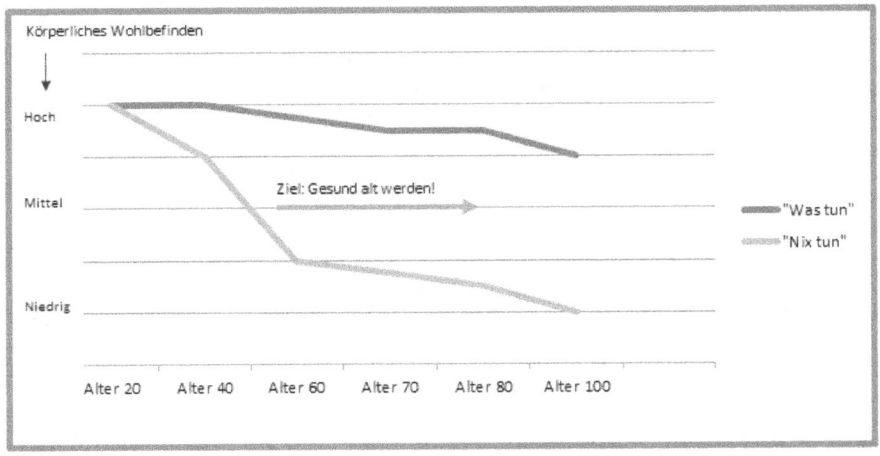

Bleiben Sie fit bis ins hohe Alter!

Diese Grafik verdeutlicht das ganz gut. Die ersten 30 oder 40 Jahre hält sich der Körper mit seinen Reserven überdurchschnittlich gut, sogar wenn man relativ wenig auf seine Gesundheit achtet, raucht, ungesund lebt, übermäßig isst, viel Alkohol trinkt usw.

Ab dem 40. Lebensjahr verlangsamen sich dann die körperlichen Funktionen. Spätestens zu diesem Zeitpunkt fallen die Werte der Gesundheitskurve rapide nach unten ab, wenn man bis dahin nicht besonders auf seine Gesundheit geachtet hat. Darunter fällt übrigens auch dauerhafter Stress, der durch unliebsame und energieraubende Aktivitäten verursacht wurde.

Wer ab diesem Zeitpunkt ungesund weiterlebt und sich stresst wie bisher, muss damit rechnen, dass die übrigen Reserven sehr schnell abgebaut werden. Das kann dann die Lebensqualität im Alter gründlich einschränken und die Lebenserwartung deutlich senken.

Die gute Nachricht ist, dass du deinen Alterungsprozess und dein Energieniveau ganz entscheidend mit beeinflussen kannst. Das oberste Ziel lautet also, die Gesundheitskurve so lange wie möglich oben zu halten, indem du unter anderem auch darauf achtest, mehr in dein Leben zu integrieren, was dir Freude macht, und das auszusortieren, was dir Energie raubt. Nutze deine Zeit sinnvoll.

Übung 32: Forsche nach, ob und wie du deinen Körper erfährst und wie es mit deiner aktuellen Gesundheit aussieht?

1. Denke kurz darüber nach, wie fit du dich in diesem Augenblick auf einer Skala von 1 (=Ich fühle mich hundeelend bis 10 (=Topfit, ich könnte Bäume ausreißen) fühlst:

1   10

2. Setze bei den nachfolgenden Fragen zur Gesundheit entsprechend ein Kreuzchen.

Fragen zu meiner Gesundheit	Ja	Jein	Nein
Habe ich eine bewusste Beziehung zu meinem Körper?			
Fühle ich mich im Moment gesund?			
Kümmere ich mich nur dann um mich, wenn ich bereits krank bin?			
Beuge ich Krankheiten durch präventive Maßnahmen (Bewegung, Ernährung, Stressvermeidung, ärztliche Kontrollbesuche) vor?			
Gehe ich kontrolliert mit meiner Kraft/Energie um?			

3. Wie wird sich deine Gesundheit kurzfristig, mittelfristig und langfristig entwickeln, wenn du so weitermachst wie bisher?

_____

4. Stell dir vor, das folgende Maßband stellt dein Leben in Jahrzehnten dar. Du kannst dazu auch ein echtes Maßband nehmen, das du nicht mehr brauchst oder eines aus Papier. Streiche durch oder schneide ab, was bereits hinter dir liegt. Dann überlege dir, wie alt du werden *willst*, und wie alt du wohl werden *kannst*, wenn du jetzt nichts änderst. Markiere es entsprechend oder schneide das ab.

10	20	30	40	50	60	70	80	90	100

Jahre

Für alle Verpflichtungen und Aufgaben, die man nicht tun will oder von denen man weiß, dass sie einen ständig über die eigenen Grenzen bringen - egal ob gesundheitlich, körperlich, seelisch oder von den inneren Werten her, ist es absolut wichtig, einen Weg zu finden, sie aufzuhören. Andernfalls wird deine Gesundheit flöten gehen. Verschiebe also deine Träume nicht auf morgen. Du hast immer noch genug Zeit, sie umzusetzen, und jeder Tag ist es wert, gelebt zu werden. Fasse deine Erkenntnisse bezüglich Zeit, Stress und Gesundheit hier zusammen:

_____

_____

Geldnöte - das liebe Geld

Wenn das liebe Geld nicht wäre ... Rufe dir nochmal in Erinnerung, was du alles tun würdest, wenn du morgen 20 Millionen Euro gewinnen würdest. Ist es bei dir ähnlich wie bei den meisten, die wir kennen, dass das eventuell ausbleibende Geld der Hauptgrund ist, in deinem Zustand zu verweilen? Würdest du dann nicht sofort loslegen und all deine Träume realisieren? Selbst wenn es am Anfang - gefühlt - nur private Aktionen wären, wie reisen oder Hobbies nachgehen, die man im Übrigen auch zum Job machen kann. Irgendwann kommt bei den meisten Menschen der Punkt, wo das langweilig wird und sie sich realisieren wollen, einen Sinn und Zweck für ihr Dasein haben möchten.

Mit der nächsten Übung kannst du überprüfen, ob Geld tatsächlich der Hinderungsgrund für die Realisierung deiner Träume ist, oder doch nur eine Ausrede, weil du deinen hart erarbeiteten Lebensstandard nicht für deinen Traum opfern willst. Die Klarheit darüber wird dir dabei helfen, die richtige Entscheidung zu treffen und, bei einem „Ja" zur Veränderung, neue Lösungen zur Schließung deiner Finanzlücke zu finden.

Natürlich ist es immer wünschenswert, ausreichende finanzielle Reserven zu haben, denn sie verschaffen einem viele Freiheiten und Gelassenheit auf seinem Weg. Aber wieviel Haben ist wichtig und wieviel Sein?

Zwei bekannte Philosophen geben uns zu dieser Frage interessante Einsichten:

- Meister Eckhart (1260- 1328), ein bekannter christlicher Mystiker, nennt das Innere das „Sein" und definiert es als „... *Leben, Aktivität, Geburt, Erneuerung, Herausströmen, Fließen und Produktivität.*" In seinem Sinne ist Sein das Gegenteil von Haben, von Selbstzentriertheit und Egoismus. Sein heißt „aktiv sein" in der klassischen Bedeutung, nämlich als produktiver Ausdruck menschlichen Potenzials und nicht in der modernen Bedeutung von „beschäftigt sein". Der aktive, lebendige Mensch ist wie ein Gefäß, das an Fassungsvermögen gewinnt, je mehr man in es hineingießt, ohne je ganz voll zu werden ....

- Erich Fromm (1900-1980) schreibt in seinem Werk „Haben oder Sein", dass die Menschen in der westlichen Hemisphäre ihr Leben lang versuchen,
    - zunächst genug zu haben (Geld, Dinge, Möglichkeiten),
    - damit sie tun können, was sie wollen (Arbeit, Freizeit),
    - weil sie erst dann glücklich sein können.

Unglücklicherweise bleiben die meisten von uns bereits beim ersten Schritt hängen. Sie haben nie das Gefühl, genug zu haben, um zum nächsten Schritt kommen zu können und das zu tun, was sie tun wollen.

Wir selbst waren schon öfter in der Situation, dass wir unbedingt etwas haben wollten, weil wir uns einredeten, dass es uns glücklich machen würde. Meistens wurde uns aber sehr schnell klar, dass wir uns danach nicht besser oder glücklicher fühlten. Es ist demnach also nicht der eigentliche Besitz oder das Haben, das uns glücklich macht. Eine Studie der amerikanischen Princeton Universität belegt, dass ab einem Einkommen von rund 60.000 Euro im Jahr keine wesentliche Steigerung des persönlichen Lebensglücks mehr stattfindet. In der Tat ist es so, dass der heutige materielle Überfluss mit seiner Sog erzeugenden Flut an Wünschen und des noch mehr „Haben-wollens" Menschen regelrecht in den Burnout treibt, weil ihre Ansprüche nicht mal im Ansatz erfüllbar sind.

Um ein wirklich befriedigendes Leben zu führen, schlägt Fromm vor, die Reihenfolge der Begriffe umzukehren. Erst musst du

- sein, wer du wirklich bist, und deine Stärken und Absichten genau kennen.
- Diese Selbstkenntnis bringt dich dazu, das zu tun, was du liebst.
- In dieses Tun legst du deine einzigartigen Fähigkeiten und Begabungen hinein. Weil du dir damit ein Stück von dir selbst schenkst, wirst du belohnt, indem du hast, was du brauchst.

Dass du alles haben wirst, was du willst, ist zwar nicht garantiert, aber bedenke: Eine anfänglich gute Alternative, um reich zu werden, besteht darin, weniger zu wollen und damit zufrieden zu sein und sogar zu lieben, was ist und du aktuell hast. Denn in der Regel hat man zu jeder Zeit genau das, was man braucht oder wo man sich selbst hingeführt hat.

> „Auf den Punkt gebracht, muss man sich, um glücklich zu sein, über die Person definieren, die man ist, nicht über das, was man hat."
> (Sherry Rossiter)

Als wir im Herbst 2010 in das Landhaus von Michaela gezogen sind, dessen Wohn- und Gewerbeeinheit sie noch mit zwei anderen Besitzern teilte, war es einer unserer größten Wünsche, eines Tages ein eigenes Haus zu bauen, das unsere Vorstellungen nach viel Licht und hohen Räumen erfüllte. Ein optimaler Zeitpunkt dafür wäre gewesen, nachdem die Jüngste ihr Abitur abgeschlossen hatte und wie die anderen vier Kinder ihren eigenen Weg gegangen wäre.

Aber die Gelegenheit kam früher als erwartet, weil die beiden Mitbesitzer vorzeitig den Wunsch hatten zu verkaufen. So entschieden wir uns mitzuziehen, weil das Haus als Gesamtobjekt sicher einfacher zu veräußern war. Parallel dazu schauten wir uns auf dem Markt um und stolperten prompt über das absolut perfekte Objekt für uns.

Leider gestaltete sich der Verkauf des Landhauses schwieriger und länger als erwartet und der Verkäufer des neuen Objekts drängelte bereits zum Abschluss, denn wir waren nicht die Einzigen, die daran Interesse hatten.

Da unser Vermögen vom geplanten Hausverkauf aber noch nicht vorhanden war, zickten die kreditgebenden Banken und verlangten eine komplizierte und teure Zwischenfinanzierung. Wir überlegten uns die verschiedensten Geldbeschaffungsmöglichkeiten, rechneten rauf und runter und waren schon kurz davor, unsere Eltern um überbrückende Hilfe zu bitten. Statt mit unserem Business beschäftigten wir uns nur noch mit der Finanzierung unseres Traumhauses, bis wir nicht mehr in Ruhe schlafen konnten. Nach vier Wochen finanziellem, selbst verursachtem Megastress war uns klar, dass uns die Erfüllung dieses Traums nicht nur unser Business und unsere Gesundheit, sondern sogar unsere Beziehung kosten kann.

Wir drückten – so schwer es uns auch fiel – die Stopptaste, setzten uns zusammen und fragten uns, ob es das alles wirklich wert war. Wir reflektierten, was wir alles schon *haben* und wie viel mehr wir wirklich noch *brauchen*, um glücklich zu sein, und stellten fest, dass es uns an nichts fehlte.

Es war also ein einziges „Haben-wollen", das uns antrieb und uns am Ende wahrscheinlich nur unzufriedener gemacht hätte. Diese Entscheidung ließ uns wieder frei und reich fühlen und unser Sein genießen. Inzwischen leben und arbeiten wir mehrere Monate im Jahr in einer *kleinen* Wohnung in Spanien mit Blick auf's Meer, Zugang zu einem wunderschönen Pool und kurzen Wegen zu allem, was man braucht. Wir sind einfach nur überglücklich damit, weil wir uns nicht mehr um Instandhaltung diverser Besitztümer und wöchentlichen Großputz kümmern müssen, sondern einfach nur leben und lieben können.

Kläre für dich, wie viel es dir wert ist zu sein, und wie viel du wirklich haben willst, um dich gut zu fühlen. Wenn man seiner Berufung und Leidenschaft nachgeht, hat man ja sowieso meist nur in der Anfangszeit, also kurzfristig, mit Einschränkungen zu rechnen. Mittel- und langfristig macht es sich aber in der Regel bezahlt – nicht nur im Sein, sondern auch im Haben. Was hilft der äußere Reichtum, wenn man sich innerlich arm fühlt?

Übung 33: Nutze jetzt den nachfolgenden Finanz-Check und entscheide im Anschluss, wie du das Thema Finanzen bei deinem beruflichen Weiterkommen integrieren kannst.

Drei Punkte gilt es dabei zu prüfen:

1. **Cash Flow:** Habe ich genügend Geld, um monatlich über die Runden zu kommen?
2. **Sicherheit:** Habe ich alle Risiken (Arbeitslosigkeit, Berufsunfähigkeit, Unfallschäden, Hausschäden …) ausreichend abgesichert?
3. **Vermögenspuffer:** Habe ich genügend Rücklagen, um schwierige Situationen (Jobverlust, Pflege von Familienangehörigen …) überbrücken zu können und später meine Rente zu stemmen?

Markus Schulz ein bekannter Finanzexperte und Freund, hat ein wirkungsvolles strategisches Bausteinkonzept zum Thema Geld entwickelt, das sich mit unserer Finanzphilosophie deckt. Es besteht aus drei Bestandteilen, die nacheinander bearbeitet werden: Cashflow, Sicherheit und Vermögensaufbau.

1) Bestandsaufnahme Cashflow

Die Grundidee: Sorge dafür, dass die monatlichen Kosten gedeckt sind.

Miete	€ _____
Strom/Gas/Wasser/Müll	€ _____
Lebensmittel/Getränke	€ _____
Versicherungen	€ _____
Medien (GEZ etc.)	€ _____
Sport, Vereine	€ _____
Internet/Telefon	€ _____
Arztkosten	€ _____
Auto/Transport	€ _____
Bekleidung	€ _____
Kredite/Kreditkarten	€ _____
Steuern	€ _____
Freizeit + sonstiges	€ _____
Abzudeckende Summe	€ _____

2) Bestandsaufnahme Sicherheit

„Bevor man einen Berg von Goldmünzen auf dem Tisch anhäuft, sollte man die Beine festschrauben!"

Diese alte Weisheit verdeutlicht sehr schön, dass es nicht sinnvoll ist, darauf hinzuarbeiten, reich zu werden, wenn einen schon der kleinste Schicksalsschlag aus der Bahn werfen kann.

Über welche Versicherungen und Unterlagen verfügst du, um deine größten Risiken abzusichern. Bitte ankreuzen?

- ○ Haftpflichtversicherung

- (Risiko-)Berufsunfähigkeitsversicherung/hilfsweise Unfallversicherung
- Private oder gesetzliche Kranken-/Zusatzversicherungen (z. B. für Zähne und Pflege)
- Private Rentenversicherung

3) Bestandsaufnahme Vermögen:
Wie viel Geld hast du für einkommensfreie Zeiten regelmäßig angespart. Bitte ankreuzen?

- Ich habe Barvermögen in Höhe von _____ aufgebaut, das mich mindestens ___ Monate ohne zusätzliches Einkommen über Wasser hält.
- Ich habe zusätzlich ein Vermögen in Form von Fonds, Bausparern etc. in Höhe von _____ angespart.
- Ich habe zusätzlich ein Vermögen für meine Rente in Höhe von _____ angespart.
- Ich besitze zusätzlich Immobilienvermögen in Höhe von _____.
- Ich habe zusätzlich Vermögen in Wertgegenständen (Schmuck, Bilder etc.) in Höhe von _____ angesammelt.

Meine finanzielle Bilanz
Wie schätzt du dich jetzt finanziell ein? Bitte ankreuzen:

- Ich weiß jederzeit, wie es tatsächlich um meine Finanzen steht.
- Ich komme aktuell monatlich gut über die Runden.
- All meine finanziellen Risiken sind abgesichert.
- Ich habe ein Gesamtvermögen aufgebaut, mit dem ich _____ Monate über die Runden komme und meine Grundkosten decken kann.

Aufstellung meiner finanziellen Kosten oder Einschränkungen für eine berufliche Veränderung
Frage dich, was tatsächlich finanziell auf dich an Kosten oder Einschränkungen zukommt, wenn du deinen Weg gehst.

- Investitionskosten für
    - Aus-/Fortbildung: _____
    - Schritt in die Selbstständigkeit: _____

- (Zusätzliche) monatliche finanzielle Einschränkung für ____ Monate: _____

- Voraussichtliche finanzielle Gesamtlücke: _____

Überbrückung und Schließung eventueller Lücken
Über welche Kanäle (eigenes Vermögen, Investoren, Bankdarlehen, Eltern, Reduzierung Lebensstandard, Verkauf von Wertgegenständen …) kann ich meine Lücken oder eventuell entstehende Lücken schließen, ohne dabei das, was mir wichtig ist, aufs Spiel zu setzen?

_____

_____

Die Konsequenzen deiner Entscheidung:
Von was wirst du dich eventuell verabschieden müssen? Auf was müsstest du verzichten? Welche Opfer wärst du bereit zu bringen? Was oder worin könntest du reduzieren?

Kurzfristig: _____

Mittel- bis langfristig: _____

Worauf verzichtest du andersherum, wenn du deinem Ruf nicht folgst und so weitermachst wie bisher?

Kurzfristig: _____

Mittel- bis langfristig: _____

Unsere abschließenden Tipps zum Thema finanzielle Sicherheit: Vertraue nicht blindlings deinem Bank- oder Finanzberater, sondern mach dich selbst schlau, auch wenn dich das Thema Geld zu Tode langweilt. Das ist der beste Schutz gegen den Verlust deines Vermögens:

- Lerne, welche Anlagestrategien und -möglichkeiten es gibt. Lese Finanztest oder vergleichbare Magazine.
- Übernimm Verantwortung für dein Geld. Jeder Finanzberater wird dir empfehlen, das Geld nicht in eine eigene Immobilie zu stecken, weil der Wertzuwachs geringer ist als an der Börse, aber Tatsache ist, dass du in einem Investmentfont nicht wohnen kannst.
- Achte auch darauf, wie Finanzberater mit ihrem eigenen Geld umgehen. Wie wohnen sie, welches Vermögen haben selbst für sich angesammelt? Arbeiten sie als Finanzberater, weil es ihre Berufung ist und sie wirklich helfen wollen oder auch nur deswegen, wie sie noch Einkommen benötigen? Frag ruhig danach – das ist dein gutes Recht, schließlich wollen sie auch wissen, wie viel Geld du hast! Wenn dein Finanzberater vielleicht ein einfacher Angestellter mit Fixgehalt ist, der zwischen 9:00 und 17:00 Uhr gerne mit dem Geld seiner Kunden spielt, und dem es nicht wehtut, wenn er es verzockt, dann lauf schnell weg und nimm die Dinge lieber in deine eigene Hand.

Zu große Fremdbestimmung - wären da nicht die anderen

Vom Tag unserer Geburt an bis zu unserem 18. Geburtstag bewegen wir uns in einer Abhängigkeit von unseren Eltern - schon rein rechtlich. Unser Gehirn wächst nonstop und saugt mit allen Sinnen auf, was es sieht, hört und erlebt; es verarbeitet es und speichert es ab. Erst viel später können wir bewerten, was davon wirklich wichtig und wahr für uns ist oder was nicht.

Bis zu dem Zeitpunkt, ab dem wir in der Lage sind, uns selber zu versorgen, haben viele Menschen Einfluss auf uns - positiv wie negativ. Sie können unser persönliches Wachstum fördern oder behindern.

Nicht nur Eltern, sondern auch Geschwister, Großeltern, Kindergärtner, Lehrer, Trainer, Freunde und Medienpersönlichkeiten prägen uns vor dem Start ins Erwachsenenleben. Nicht zu unterschätzen ist dabei auch der religiöse Glaube. Kirche, Pfarrer und Religionslehrer können ebenso einen großen Einfluss, der nicht immer nur positiv ist, auf uns haben.

Einige von uns schaffen den Absprung, nabeln sich ab und gehen ihren eigenen Weg. Andere bleiben in einer gewissen Abhängigkeit und lassen sich mal mehr, mal weniger fremdbestimmen.

Typischerweise liegt eine solche Abhängigkeit vor, wenn:
- jemand Autorität oder Kontrolle über dich besitzt oder
- du es nicht wagst, sich abzunabeln, weil du fürchtest, den anderen damit zu verletzen oder zu kränken.

Die folgende Übung wirft einen neuen Blick auf deine Beziehungen, untersucht deine Abhängigkeiten und zeigt, wie stark du noch fremdbestimmt bist. Sie zeigt dir auch, ob du bereits deinen eigenen Weg gehst oder nur den Fußstapfen anderer folgst, beziehungsweise welche Rolle du anderen gegenüber einnimmst.

Instinktiv wissen wir alle, wie es sich anfühlt, unsere Zeit mit Menschen zu verbringen, die einen positiven oder negativen Einfluss auf uns haben. Es wirkt sich auf unsere Stimmung aus und kann uns entweder mit Energie aufladen oder aber leersaugen.
Darüber hinaus beeinflussen andere Menschen auch unser Selbstbild, also die Art und Weise, wie wir mit uns selber reden und uns als Persönlichkeit wahrnehmen. Das hat wiederum Konsequenzen auf unsere Fähigkeiten, unsere Einstellung und unser Potenzial, Dinge zu leisten. Genauso wirkt sich unser Selbstbild (mehr dazu im nächsten Denkzeug) auf unsere Berufswahl aus.

In ihrem Buch „The Nibble Theory" (Paulist Press, 1989) beschreibt die Autorin Kaleel Jamison den negativen Einfluss, den Menschen auf andere haben können, mit dem Begriff „nibbling" (to nibble = engl. für knabbern, anknabbern), was im übertragenen Sinn so viel wie „meckern, versteckte oder verhohlene Kritik" bedeutet. Wenn zwei Menschen sich treffen, taxieren sie einander und kommen zu einem Urteil. Viele glauben, die einzige Möglichkeit, selbst groß und selbstbewusst zu erscheinen, bestehe darin, den anderen zurechtzustutzen und kleiner zu machen. Also greifen sie zur Waffe der versteckten Kritik. Sie sagen Dinge, die dem Selbstbild der anderen Person einen Stoß versetzen, wie etwa: „Dir schwirren zu viele Ideen im Kopf herum.", „Das funktioniert nie und nimmer.", „Du arbeitest zu viel.", „Du bist zu empfindlich." etc.

Jeder dieser Sätze nagt bei mehrfacher Wiederholung am Selbstbild und Selbstwertgefühl, bis von beidem nicht mehr viel übrig ist. Es handelt sich um eine subtile, aber wirkungsvolle Methode, jemanden unmündig und schwach zu halten. Dazu einige konkrete Beispiele und was sie bedeuten:

Versteckte Kritik	Tatsächliche Bedeutung
„Ich glaube nicht, dass du das tun solltest. Das haben schon andere probiert und sind gescheitert."	„Was für eine hirnverbrannte Idee! Dafür bist du zu dumm (dümmer als ich)."
„Bleib so, wie du bist."	„Verändere dich nicht und wachse nicht in deiner Persönlichkeit. Nicht dass ich dich dann nicht mehr mag."
„Ich kümmere mich schon darum."	„Du schaffst das nicht – ich kann das besser und möchte auch die Lorbeeren einheimsen!"

Menschen meckern und nörgeln aus allen möglichen Gründen. Es ist immer erst mal leichter, andere "klein" zu machen, als sich selbst an der Nase zu packen und dadurch zu wachsen.

Gerade in Deutschland hat sich diese jammernde und geringschätzige Sprachkultur eingebürgert. Egal wo man hinkommt, überall trifft man auf Menschen, die jammern oder über andere lästern. Aber diese verhohlene Kritik verletzt und nutzt letztendlich keinem was.

Das Fatale daran ist: Je öfter man dasselbe sagt oder hört, umso schneller wird es zur Wahrheit für einen selbst. Dumm für diejenigen, die so reden, ist, dass sie sich damit unbewusst selbst zur Zielscheibe machen und sich selbst betrügen. Denn mit jeder Jammerei begibt man sich in die Opferrolle und gibt Selbstverantwortung und Handlungsmacht ab. Darüber hinaus fühlt man sich am Ende einfach nur elend, denn das Gehirn schüttet beim Jammern einfach keine Glückshormone (Dopamin) mehr aus.

In diesem Denkzeug analysierst du jetzt deine Interaktionen mit den Menschen, die dich umgeben und machen dich von negativ beeinflussenden Meinungen anderer unabhängig. Das ist zum einen wichtig, weil dein berufliches Fortkommen von Kollegen, Vorgesetzten, Kunden und Freunden abhängen kann, und zum anderen weil die Meinung anderer einen direkten Einfluss auf deine Motivation und dein Leistungspotenzial hat.

Übung 34: Reflektiere Abhängigkeiten von anderen in deinem Leben.

> **Aufgepasst: Du machst diese Übung auf eigene Verantwortung!**
> Wenn du noch unter starkem Einfluss deiner Eltern oder anderen Menschen stehst, ohne es bisher gemerkt zu haben, kann diese Übung aufwühlende Erkenntnisse auslösen. Zu den üblichen Reaktionen gehören Frustration, Wut, Schmerz, Zorn, Rache und Gefühle von Verrat. Diese Reaktionen sind normal, und bis dein Prozess der Verarbeitung abgeschlossen ist, kann es eine Weile dauern. Mach diese Übungen nicht, wenn du dich mental nicht stark genug dafür fühlst. Falls du extreme Gefühlsreaktionen an dir beobachtest, empfehlen wir dir dringend, professionelle Begleitung zu holen. Auf unserer Webseite findest du viele gut ausgebildete Coaches.

Eine gute Möglichkeit, herauszufinden, wie stark jemand dich positiv oder negativ beeinflusst, sind die Gefühle. Wenn jemand gegen unsere innersten Herzenswünsche arbeitet, steigen unangenehme Gefühle (wie Wut, Zorn, Ärger, Hass, Rache, Frust, Enttäuschung, Trauer, Hilflosigkeit) in uns hoch. Und egal, wie stark sie sind, ob du es dann nach außen zeigst oder wieder hinunterschluckst, weil es dir z. B. peinlich ist oder du keinen Streit willst, es macht dir deutlich, wie stark du etwas willst und wie schlimm es ist, es nicht (aus-)leben zu dürfen. Und das vielleicht nur deswegen, weil du jemandem Anderen mit seinem Einfluss zu viel Raum geben.

Erstelle eine Liste aller Menschen, die dich umgeben und beeinflussen, insbesondere für den beruflichen Bereich. Beginne mit der wichtigsten

Person. Stufe dabei den positiven bzw. negativen Einfluss, den diese Menschen auf dich haben, auf einer Bewertungsskala von 0 bis 10 ein (0 = kein Einfluss, 10 = sehr starker Einfluss), ob er dich unterstützt (und warum und womit) oder ob (und wie) er dich davon abhält, du selbst zu sein.

Name	Unterstützt mich mit	Wie stark?	Hält mich ab durch	Wie stark?
Beispiel: Partner	Liebe und Rückhalt	10	Finanzielle Angst	5

Übung 35: Übertrage in der nächsten Tabelle die Personen, die dich von deiner eigenen Entwicklung abhalten (4. Spalte der vorherigen Tabelle) und einen negativen Einfluss auf dich haben. Überlege, mit welchen Aussagen, Handlungen oder unterschwelligen Gesten du abgehalten wirst und trage diese in der zweiten Spalte ein. Überprüfe für dich, ob du das akzeptierst oder ob du es ablehnst, und begründe ggfls. in der dritten Spalte, warum du es ablehnst und wie du entgegenwirken kannst.

Name	Aussage/Handlung/Geste	Lehne ich ab, weil …
Beispiel: Partner	„Wir können die monatlichen Kosten nicht mehr tragen."	Haus ist bereits abbezahlt, wir haben Rücklagen für mind. 1 Jahr, ich übernehme komplette Verantwortung

Übung 36: Gehe kurz zurück zu Übung 34 und übertrage die Namen der dich maßgeblich beeinflussenden Menschen in das nachfolgende Diagramm. Ordne sie nach der Stärke ihres Einflusses von *positiv* zu *negativ* ein. Mit anderen Worten: Die Person, die dir am stärksten hilft, trägst du oben rechts, die Person, die dich am meisten zurückhält, unten links ein. Horche anschließend auf deine Gefühle und spontanen Gedanken - negative wie positive, die zu jeder dieser Personen an die Oberfläche kommen und ordne sie in die nachfolgenden Kategorien ein.

a. **Negative Abhängigkeit**
Es tauchen negative Gefühle und Gedanken auf, wenn du mit dieser Person zusammen bist: Du fühlst dich hilflos, schwach, abhängig, herabgesetzt, nutzlos, kontrolliert, missbraucht, versklavt, gehasst, als schenke man dir kein Vertrauen.

b. **Unmöglichkeitsdenken**
Diese Person sieht überall unüberwindbare Hindernisse und Probleme und sagt Dinge wie: „Früher war alles besser.", „Im Grunde ist jeder machtlos.", „Ich hasse mein Leben.", „Ich habe immer Pech.", „Dazu fehlen mir einfach die Voraussetzungen.".

c. **Möglichkeitsdenken**
Diese Person wittert überall Gelegenheiten und Wachstumsmöglichkeiten und sagt Dinge wie: „Genießen wir jede Sekunde!", „Wir sollten es wenigstens versuchen.", „Lass uns das Risiko wagen!", „Packen wir's an!".

d. **Positive Abhängigkeit**
Es tauchen positive Gefühle und Gedanken auf, wenn du mit dieser Person zusammen bist: du fühlst dich respektiert, spirituell genährt, unabhängig, stark, gewollt, inspiriert, positiv erregt, positiv herausgefordert, motiviert, besonders, geliebt, als schenke man dir Vertrauen.

Jetzt bewerte anhand der folgenden Bewertungsskala den Einfluss jeder Person auf dich und trage es in der Grafik ein. Es müssen nicht alle Punkte zutreffen. Es kann sein, dass zum Beispiel nur ein oder zwei der Beschreibungen zu den verschiedenen Überschriften zutreffen.

Bewertungsskala:
-2: Du glaubst, in negativer Abhängigkeit zu dieser Person zu stehen.
-1: Auf diese Person trifft die Beschreibung des Unmöglichkeitsdenkers zu.
+1: Auf diese Person trifft die Beschreibung des Möglichkeitsdenkers zu.
+2: Du glaubst, in positiver Abhängigkeit zu dieser Person zu stehen.

Gesamtergebnis:
Addiere die Punktzahlen für jede Person. Die maximal mögliche Punktzahl pro Person ist -3 bzw. +3.

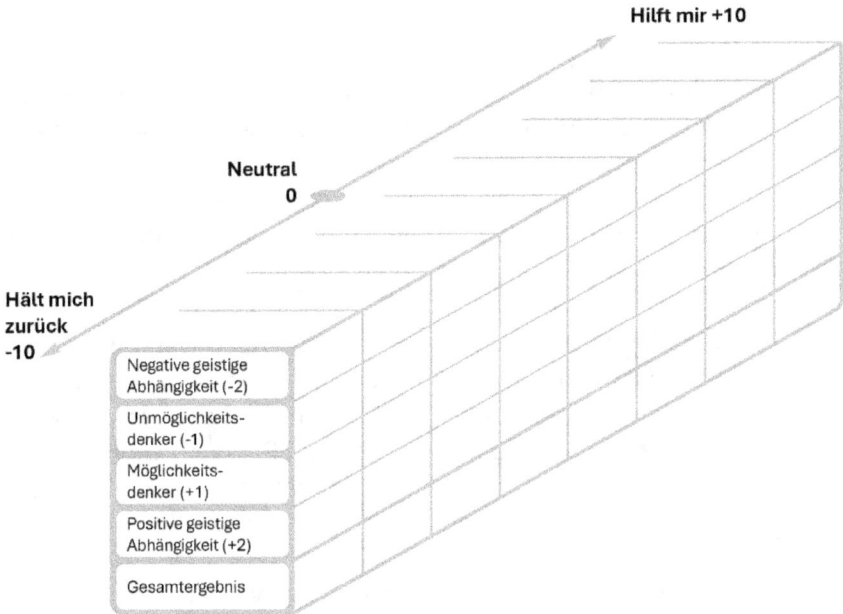

Auswertung:
Schau dir dein Diagramm an. Es enthält Gesamtergebnisse zwischen -3 und +3. Umkreise die Namen der Personen mit folgenden Gesamtergebnissen:

-2 oder -3 ⇨ rot umkreisen
+2 oder +3 ⇨ grün umkreisen

Alle umkreisten Personen üben einen starken Einfluss auf dich, dein Selbstbild und dein Selbstwertgefühl aus. Der Einfluss der grün umkreisten Personen ist positiv, an diese solltest du dich in Zukunft halten, und möglichst noch mehr davon suchen. Der Einfluss der rot umkreisten Personen ist negativ. Wie du dich davon lösen kannst, zeigen wir dir in der abschließenden Übung in diesem Kapitel.

Sind bei den Menschen, die dich stark beeinflussen auch deine Eltern oder Menschen, die dich seit deiner Kindheit begleiten, mit dabei? Dann wirst du mit dieser Übung weitere spannende Erkenntnisse bekommen.

Als Erwachsene leben wir oft in der Spur unserer Erzieher, ohne uns groß Gedanken darüber zu machen, ob wir das wirklich wollen oder nicht.

Manche wehren sich auch mit Händen und Füßen dagegen, dass ihnen solche Regeln und Muster auferlegt werden. Typischerweise passiert das während der Pubertät. Die Heranwachsenden versuchen sich von den Eltern abzunabeln und wollen auf Biegen und Brechen nicht mehr den vorgegebenen Weg gehen, schmeißen das Studium oder gehen aus Trotz genau in die entgegengesetzte Richtung.

Und genau da liegt der Hase im Pfeffer! Denn auch wenn wir uns aus Trotz *gegen* das „Erbe der Erzieher" oder stark beeinflussende Menschen auflehnen und das Gegenteil von dem tun, was sie erwarten – also zum Beispiel unkonventionell statt spießig oder arm statt reich sein wollen, lassen wir uns dadurch *immer noch* beeinflussen. In diesem Fall eben nur entgegengesetzt.

Ironischerweise führen wir damit also nach wie vor nicht unser eigenes Leben. Weder der eine noch der andere Weg ist wirklich der eigene und wird uns nicht glücklich machen. Irgendwann stecken wir dann in einem Leben, das nicht uns entspricht, haben eine Ausbildung hinter uns, die uns nicht interessiert, und scheuen einen Neuanfang, weil der Gedanke, alles Bisherige könnte umsonst gewesen sein, unerträglich ist.

Ziel ist es also herauszufinden, ob und wie stark du entweder das Leben von deinen Eltern, Erziehern oder anderen Menschen lebst oder genau das Entgegengesetzte.

Übung 37: Trage neben „Name" die Person (Vater, Mutter, Großmutter, Großvater, großer Bruder, Partner, Kind, Lehrer, Pfarrer,

Chef …) ein, die dich stark beeinfluss(t)en und von deinem individuellen Weg abgehalten haben bzw. noch immer abhalten. Schreibe rechts davon die *entscheidende Phase* (Schulabschluss, Studium, Ausbildung, Arbeitgeber, Ort, evtl. Selbstständigkeit, Umorientierungsgedanken …) ein, bei denen sich dein Weg anders entwickelt hat, als du es wolltest.

In welche Richtung und wie stark hast du dich beeinflussen lassen? Setze auf der Skala an der entsprechenden Stelle dazu ein Kreuz.

Name: _____ Phase: _____
komplett … überwiegend … ein wenig … gar nicht … ein wenig … überwiegend … komplett …

… entgegengesetzt   … gleiche Richtung

Name: _____ Phase: _____
komplett … überwiegend … ein wenig … gar nicht … ein wenig … überwiegend … komplett …

… entgegengesetzt   … gleiche Richtung

Name: _____ Phase: _____
komplett … überwiegend … ein wenig … gar nicht … ein wenig … überwiegend … komplett …

… entgegengesetzt   … gleiche Richtung

Wie fühlst du dich jetzt? Welche Menschen haben dich – aus welchen Gründen auch immer – von deinem Weg abgebracht? Konntest du die eine oder andere Abhängigkeit bereits auflösen und deinem eigenen Weg folgen? Oder steckst du noch immer in einer Abhängigkeit, die gelöst werden muss? Schreibe deine Erkenntnisse dazu auf.

_____

_____

Löse dich aus deinen Abhängigkeiten

Nehmen wir mal das extreme Beispiel eines Drogenabhängigen. Seine Abhängigkeit hört nicht auf, nur weil man ihm den Stoff wegnimmt. Sobald er sich neue Drogen beschaffen kann, nimmt er diese auch. Hinzu kommt, dass eine Drogenabhängigkeit nicht nur psychologischer, sondern auch körperlicher Natur ist. Selbst wenn es ihm gelingt, Entzugserscheinungen wie Fieber, Zittern, Krämpfe zu bewältigen und seine körperliche Abhängigkeit zu besiegen, besteht die psychische Abhängigkeit so lange weiter, bis er die bewusste Entscheidung trifft, niemals mehr Drogen anzurühren.

Ähnlich verhält es sich mit der Abhängigkeit von anderen. Je nachdem, von wem du abhängig bist und wie sehr du darunter leidest, kannst du selbst entscheiden, wie sehr und wie lange du das noch *willst*. Jeder Tag, an dem du unglücklich bist, ist ein verschwendeter Tag.

Willst du wissen, wie wir es machen? Wir lassen zum einen nur Möglichkeitsdenker und Gelegenheitsoptimierer in unser persönliches Umfeld und halten uns zum anderen stets nachfolgende Übung vor Augen, die uns in unserem Leben täglich begleitet und beim Zusammentreffen und Austausch mit anderen Menschen immer Gewinn gebracht hat.

Das Entscheidende beim Lösen von Abhängigkeiten ist, dass wir begreifen, dass niemand anders außer uns selbst Verantwortung für unser Leben zu übernehmen hat und auch andersherum, wir für keinen Erwachsenen, der bei geistiger Gesundheit ist, Verantwortung übernehmen müssen. Erfahre jetzt, inwieweit du dich anderen gegenüber in dieser selbstverantwortlichen Rolle befindest bzw. wie du es schaffen kannst, in dieser Rolle zu bleiben.

Jeder erwachsene und vernünftige Mensch wünscht sich die Begegnung mit anderen auf Augenhöhe und gegenseitigem respektvollen Umgang.

Und doch läuft man ständig Gefahr, diese Augenhöhe zu verlassen oder aus ihr herausgedrängt zu werden und in eine Rolle zu fallen, in der wir uns nicht mehr wohlfühlen.

Ist es dir schon mal passiert, dass - bevor du überhaupt etwas gesagt hast - eine seltsame Energie zwischen dir und deinem Gesprächspartner herrschte, die es beinahe unmöglich machte, vernünftig miteinander zu kommunizieren? Manchmal reicht bereits die Körperhaltung, die Mimik oder Gestik des anderen und schon sind wir verunsichert, fühlen uns klein und unwohl oder auch mal überlegen und mächtiger als der andere. Beobachte bei deiner nächsten Begegnung mit jemandem anderen, was nonverbal alles passiert, und bringe es in Bezug auf dich selbst. Dabei ist es egal, ob du mit deinem Chef, Kindern, Arbeitskollegen, Arzt oder der Kassiererin im Supermarkt sprichst.

- Ist dein Verhalten immer gleich oder veränderst du deine Körpersprache je nachdem, wer dir gegenübersteht?
- Verändert sich dein Tonfall abhängig von deinem Gesprächspartner, also klingst du anders, wenn du mit deinem Chef oder mit deinem Partner redest und warum?
- Ist dir das Gefühl bekannt, jemandem gegenüberzustehen, der eine solche Autorität ausstrahlt, dass du dich kaum traust, etwas zu sagen und du dich plötzlich wie ein kleines Kind fühlst?
- Oder umgekehrt: Wenn du mit jemandem redest und Verantwortung delegieren willst, am Ende aber doch wieder alles selbst übernimmst, weil dein Gegenüber dich nicht schnell genug verstanden hat?

Sobald wir uns nicht mehr ernst genommen fühlen, weil uns jemand bevormundet, oder auch weil wir das Gefühl haben, jemandem gegenüberzustehen, der sich wie ein kleines Kind benimmt, verlassen wir die Augenhöhe und erschweren damit das Erreichen unserer Ziele.

Wenn du verstehst, in welcher Rolle oder auf welcher Ebene du mit anderen kommunizierst – verbal wie nonverbal, kannst du
- dich dauerhaft aus Abhängigkeiten von anderen befreien und neue vermeiden,
- Konfliktpotenziale frühzeitig erkennen und aus dem Weg räumen,
- schnell erfassen, wann ein Gespräch besser beendet werden sollte,
- dein Gegenüber argumentativ besser „abholen",

- mit einem guten Ergebnis und einer guten Stimmung aus einem Gespräch herausgehen,
- deine Ziele erfolgreich erreichen.

In Begegnungen und Gesprächen nehmen wir überwiegend gewöhnlich eine der drei folgenden Rollen mit den entsprechenden Verhaltensweisen ein:

1. **Das Kind-ICH:** unterordnend, aufschauend, bewundernd, anschmiegsam, Trost suchend, neugierig, verspielt, niedlich, gehorsam, nach Anerkennung, Liebe oder Bewunderung suchend, Verantwortung abgebend, sich versorgt wissen wollend, trotzig, rebellisch, aufmüpfig, auflehnend, ungehorsam, unvernünftig, draufgängerisch sein …
2. **Das Eltern-ICH:** besorgt, versorgend, Verantwortung übernehmend, unterstützend, belehrend, beschützend, streng, erzieherisch, bevormundend, kontrollierend …
3. **Das Erwachsenen-ICH:** vernünftig, sachlich, auf Augenhöhe, wertschätzend, respektvoll, ernsthaft, offen, fair, selbstreflektierend, eigenverantwortlich …

Je nachdem, mit wem wir es zu tun haben, wechseln die meisten von uns bewusst oder unbewusst zwischen den unterschiedlichen Rollen und entsprechendem Verhalten hin und her. Daraus ergibt sich ein dynamisches, gegenseitiges Wechselspiel von Augenhöhe, Dominanz und Unterordnung.

Gerade durch die letzten beiden Verhaltensweisen bleiben viele Kommunikationsziele auf der Strecke und es besteht die Gefahr, in eine Abhängigkeit abzurutschen – als Bittsteller oder als Versorger.

Interessant ist dabei auch, dass, sobald einer von beiden die Erwachsenenrolle verlässt und in die Kind- oder Elternrolle wechselt, der andere ganz automatisch in die entgegengesetzte Rolle (Kind oder Eltern) fällt.

Wenn wir im Austausch mit geistig gesunden Erwachsenen ab einem Alter von spätestens 18 Jahren in die Eltern- oder Kind-Ich-Rolle fallen - einer Ebene, die nicht angebracht ist, blockieren wir uns und unser Weiterkommen.

In einer solchen Situation fühlen wir uns dann nicht verstanden oder ernst genommen und gehen enttäuscht, frustriert oder sogar wütend aus einem Gespräch heraus. Gerade in Gesprächen zwischen Vorgesetzten und Mitarbeitern lässt sich das immer wieder gut beobachten. Mitarbeiter fühlen sich ihren Vorgesetzten gegenüber oft unterlegen und verlieren durch diese Haltung im Gespräch leicht die Augenhöhe. Sie fühlen sich klein, gefangen und hilflos. Auch in einer Ehe oder Partnerschaft kann dies so ablaufen. Manchmal geschieht es auch, dass Eltern nicht dazu bereit sind, ihre heranwachsenden Kinder loszulassen, und, obwohl sie bereits ein eigenständiges Leben führen, diese weiterhin bevormunden, ihnen zu viel Verantwortung abnehmen und sie nicht aus dem Kind-Ich entlassen. In der letzten Übung hast du ja untersucht, ob du den Fängen deiner Eltern entwachsen konntest.

Tatsache ist jedoch, dass Mitarbeiter keine Kinder sind und als Erwachsene ernst genommen werden wollen. Und umgekehrt wünschen sich Vorgesetzte und Eltern ja auch ein gewisses Verantwortungsbewusstsein bei ihren Mitarbeitern bzw. den erwachsenen „Kindern".

Natürlich kann ein solch verschobenes Rollenverhalten auch gewollt sein und über Jahre hinweg gut funktionieren. Doch spätestens, wenn dieser Zustand dein Weiterkommen blockiert, solltest du reagieren. Achte also immer darauf, auf der richtigen Ebene zu bleiben. Konkret heißt das, in der Begegnung und im Austausch mit Erwachsenen die Rolle des Erwachsenen-ICHs einzunehmen und aufrechtzuerhalten, und nur dann die Rolle des Eltern-ICHs zu übernehmen, wenn du mit kleinen Kindern oder mit pflegebedürftigen Menschen (die zum Beispiel an Alzheimer erkrankt sind) zu tun haben.

Das ist nicht immer ganz leicht. Gerade dann, wenn man auf Personen trifft, die einem nicht besonders sympathisch sind oder von denen man nicht viel hält, ist es selbst unheimlich schwierig, bewusst im Erwachsenen-ICH zu bleiben und dem Gegenüber mit Respekt zu begegnen. Mach bei Gelegenheit mal die Probe bei jemandem, den du nicht so gern magst, und versuche im Rahmen der vorher genannten Erwachsenen-ICH-Eigenschaften mit ihm umzugehen. Auch uns fällt das ab und zu schwer, aber wir sind immer wieder erstaunt über die

Erfolge, die wir mit dieser Verhaltensweise erzielen, wenn es uns dann doch gelingt.

Übung 38: Die folgende Tabelle ist in drei Kategorien eingeteilt: Kind-Ich, Eltern-Ich und Erwachsenen-Ich. Überlege, auf welcher Ebene und in welcher Rolle du den Personen üblicherweise gegenübertrittst. Trage die Personen in die linke Spalte ein und kreuze jeweils die entsprechende Rolle in den restlichen Spalten an. Beginne dabei mit den für dich wichtigsten Menschen: Lebenspartner, Eltern, Kinder, Geschwister, Chef, Vorgesetzte, Kollegen, Freunde usw. Wenn du bei den erwachsenen Personen feststellst, dass du dich nicht überwiegend in der Erwachsenenrolle befindest, dann überlege dir, was du im Umgang verändern musst, und trage es in die letzte Spalte ein.

Person	Kind-Ich	Eltern-Ich	Erwach-senen-Ich	Was muss ich verändern?

Dazu noch eine persönliche Geschichte von Michaela:
„Als ich 2008 kurz vor dem Zusammenbruch meiner Gesundheit über ein Buch gestolpert bin, das über Rollenverhalten handelte, hatte ich ein regelrechtes Aha-Erlebnis. Ich stellte fest, dass ich für alle, und damit meine ich wirklich alle, die Mutterrolle übernommen hatte – also nicht nur für meine Kinder, sondern auch für meinen damaligen Lebenspartner, meine Eltern, meinen Geschäftspartner und meine Mitarbeiter. Man konnte mich vollumfänglich und berechtigt als ‚Mutter der Nation' bezeichnen. Ich übernahm freiwillig sämtliche Aufgaben und anstehende Entscheidungen, kontrollierte jeden und alles, und ließ so gut wie keinen Raum für eigenverantwortliches

Handeln. Schlagartig wurde mir klar, warum ich dafür keinen Dank erntete, obwohl ich ihn mir so sehr wünschte.

Aus der Sicht der anderen hatte ich sie nicht ernst genommen, sondern wie Kinder behandelt. Deshalb begegneten sie mir auch statt mit Respekt und auf Augenhöhe aus dem typischen Kinder-Rollenverhalten heraus auch entsprechend mit Selbstverständlichkeit bei den positiven Dingen und mit Trotz, Nörgelei und Aufbegehren, wenn ich etwas über ihren Kopf hinweg entschied.

Bei meinen vertrieblichen Tätigkeiten ging es mir genau andersherum. Wann immer ich einen Hörer in die Hand nehmen musste, fühlte ich mich nie gut genug und hatte Angst vor Fragen, die ich vielleicht nicht beantworten konnte. Mit dieser Einstellung war ich dann jedes Mal in der Kind-ICH-Rolle, schon lange bevor ich meinen Gesprächspartner in der Leitung hatte. Die Ergebnisse aus diesen Gesprächen waren dann meist entsprechend schwach. Ich konnte nicht überzeugen, fühlte mich nicht ernst genommen und ärgerte mich.

Heute kann ich sagen, dass ich für niemanden mehr in der Mutterrolle stecke. Mein Aufgaben- und Verantwortungs-Container hat sich auf Null reduziert und ich tappe nur noch sehr selten in die Falle. Wenn ich heute auf Menschen zugehe, versuche ich, ihnen offen und respektvoll gegenüberzutreten und achte besonders darauf, nicht von ihnen in eine falsche Rolle gedrängt zu werden. Ansonsten verschiebe ich das Gespräch oder beende es auch mal ganz."

> Welche drei Schlüsselerkenntnisse hast du aus diesem Denkzeug gewonnen? Bringe sie jetzt gleich auf den Punkt.

Innere Hindernisse beseitigen

> Im letzten Denkzeug hast du dir die äußeren Hindernisse bewusst gemacht und Klarheit darüber bekommen, wie sie sich aus dem Weg räumen lassen.
> Aber es sind nicht nur äußere Hindernisse wie Geld, Zeit oder die Anderen, die uns blockieren, sondern auch innere Hindernisse. Obwohl die Bereitschaft zur Veränderung da ist, scheitern wir manchmal an uns selber oder haben einfach nur Angst davor zu scheitern und lassen es lieber bleiben.
> Woher diese Selbstzweifel kommen und wie du sie nachhaltig ausräumen können, zeigen wir dir jetzt, bevor du dann im nächsten Schritt deinen Aktionsplan entwickelst und deinem Ruf folgen kannst.

Zu geringes Selbstwertgefühl - die Selbstbild-Waage

Unser Selbstbild entwickelt sich im Laufe vieler Jahre – von unserer frühen Kindheit an über sämtliche Lebensstadien hinweg. Wie wir bereits wissen, hat jede Person, die wir respektieren und die unsere Leistung beurteilt, Einfluss auf unser Selbstbild. Aber auch jedes Mal,
- wenn wir eine Aufgabe ausführen,
- eine Aussage treffen oder
- einen Gedanken analysieren,

wird unser Selbstbild justiert oder angepasst. Unter Selbstbild versteht man das *Bild*, das wir uns aufgrund unserer Lebenserfahrungen und des Feedbacks anderer von uns selbst gemacht haben. Im Vergleich dazu ist mit Selbstwertgefühl gemeint, wie wertvoll wir uns fühlen und welche Wertschätzung wir uns selbst gegenüber entgegenbringen.

Warum ist es wichtig, dass du dein Selbstbild kennst und verstehst? Weil das Verständnis deiner eigenen Persönlichkeit all deine Handlungen beeinflusst – jeden Tag. Manchmal ist man sich des eigenen Selbstbilds bewusst, manchmal nicht.

Betrachten wir also, wie du dich selbst siehst. Definierst du dich eher über deine Stärken oder über deine Schwächen? Erinnere dich an die

Übungen in Schritt 2? Wie schwer oder leicht fiel es dir, deine Fähigkeiten, Stärken und Talente zu erkennen und aufzuschreiben?

Jetzt stell dir dein Selbstbild einmal als innere Waage vor, bei der das positive Feedback über dich selbst in die eine und das negative Feedback in die andere Schale wandert. Je nachdem, welche Seite mehr Gewicht hat, ist dein Selbstbild entweder negativ oder aber positiv. Entsprechend wirst du dich dann auch mehr oder weniger wert fühlen.

Gemäß den Untersuchungen von Dr. Albert Bandura (Stanford University) und Dr. Martin Seligman (University of Pennsylvania) geht die psychologische Wissenschaft davon aus, dass die Stärke und Ausprägung des Selbstbildes, des Selbstwertgefühls und des Optimismus ausschlaggebend für
- dein Glücksgefühl,
- deinen Antrieb, neue Aktivitäten anzufangen und für
- deinen Erfolg sind.

Das heißt, wenn dein Selbstbild eher negativ und dein Selbstwertgefühl niedrig ist, stehst du dir damit selbst im Weg. Daher ist es wichtig, dass du deine Selbstbildwaage auf die positive Seite kippst und dein Selbstwertgefühl stärkst.

Jede Art von Feedback, das du empfängst oder dir selbst gibst, prägt dein Selbstbild und entwickelt darüber hinaus ein Eigenleben in eine bestimmte Richtung.

Egal, ob Erfolg oder Misserfolg, beide initiieren einen Dialog in deinem Kopf, der das soeben Geschehene bewertet und bestätigt. Manche Verhaltenspsychologen bezeichnen dieses Phänomen als Selbstgespräch. Ein primär negatives Selbstgespräch bedingt, dass wir unsere Erfahrungen überwiegend negativ und uns selbst als schwach sehen, während ein primär positives Selbstgespräch dazu führt, dass wir unsere Erfahrungen positiver und uns selbst als stärker sehen. Da unser Kopf die Erfahrungen, die wir machen, leider nicht immer wahrheitsgetreu einzuschätzen vermag, können unsere Selbstgespräche zu selbst-erfüllenden Prophezeiungen werden.

Stelle dir das Selbstgespräch als konstanten Dialog vor, den du mit dir selbst bewusst oder unbewusst über alles führst, das dir widerfährt. Mit anderen Worten: Du bist permanent damit beschäftigt, deine Erfahrungen zu interpretieren und zu beurteilen, indem du auf positive oder negative Weise mit dir selbst sprechen.

Wenn du dich für einen schlechten Musiker hältst, kommst du normalerweise nicht auf die Idee, vor einem großen Orchester um ein Engagement vorzuspielen. Hast du es doch mal versucht und wurdest abgelehnt, würde dein Selbstgespräch etwa so klingen: *„Wie konnte ich nur so dumm sein? Ich hätte es besser wissen müssen. Ich weiß doch, dass ich kein guter Pianist bin. Das Talent zum Klavierspielen wurde mir nun mal nicht in die Wiege gelegt. Vielleicht sollte ich mir wieder einen Job als Bedienung in einem Café suchen. Denn da gehöre ich hin – nirgends sonst!"* Selbst in dem unwahrscheinlichen Fall, dass du das Vorspielen bestehst, würdest du dir vermutlich einreden: *„Ich habe bloß Glück gehabt, denn in Wahrheit bin ich gar nicht so gut!"*

Dieser innere Dialog geht immer weiter und weiter. Seine Wiederholung ist *deine* Bestätigung, dass sein Inhalt stimmt, egal, ob es tatsächlich so ist. So wird er Teil deiner Überzeugungen und ein manifestierter Glaubenssatz. Dieser beeinflusst und steuert dann deine Handlungen und Gefühle. Das Problem dabei ist, dass dein Denken und Handeln jedoch oft nicht von der objektiven, realen Wahrheit (so wie sie wirklich ist) gelenkt werden, sondern von der Wahrheit, *so wie du sie verstehst*.

Wenn du dich hingegen für einen guter Musiker hältst und beim Vorspielen vor einem großen Orchester durchfällst, wirst du den Grund dafür einfach im schlechten Gehör der Entscheider suchen. Du wirst es erneut probieren und beim nächsten Mal mehr Erfolg haben. Psychologen sprechen von psychischer Resilienz oder Unverwüstlichkeit – wenn man sich von Fehlschlägen nicht unterkriegen lässt, weil man sich weigert, diese als Auftakt zu einer Serie des Scheiterns zu sehen. Stattdessen sagt man sich, es habe sich um puren Zufall, einen vorübergehenden Blackout oder einfach um Pech gehandelt. Und das hat absolut nichts mit Arroganz, Überheblichkeit oder Selbstüberschätzung zu tun, sondern mit Selbstachtung und Selbstliebe.

Kontrolliere deine Selbstgespräche

Selbstgespräche beeinflussen also unser Leistungsniveau. Wenn du schlecht über deine Fähigkeiten sprichst, wirst du deine Bemühungen in dem bestimmten Bereich früher oder später aufgeben, dich nicht weiterbilden und nicht üben, sodass deine Leistung bald tatsächlich so enttäuschend ist, wie du es dir die ganze Zeit eingeredet hast. Auch in diesem Fall wird das Selbstgespräch zu einer sich selbst erfüllenden Prophezeiung.

Die gute Nachricht ist, dass dieser Mechanismus in beide Richtungen funktioniert – in die positive und in die negative. Aus diesem Grund kontrollieren Spitzensportler und andere Top-Performer bewusst die Art, wie sie mit sich selbst sprechen. Ertappen sie sich bei einer negativen Aussage, halten sie sofort inne und kehren sie ins Positive um. Schießt ein Star-Fußballer knapp am Tor vorbei, schimpft er sich nicht: *„Ich bin ein Vollidiot. Ständig passiert mir das!"*, sondern sagt: *„Das sieht mir gar nicht ähnlich! Beim nächsten Mal werde ich den Ball oben links 60 Zentimeter unter der Latte im Tor versenken."* Er visualisiert exakt, was er tun möchte, bestätigt sich, dass er es tun kann, und dann tut er es!

Es gibt fünf Dinge, die du von nun an tun solltest, um eigenes negatives Feedback abzublocken und das neue Maß an Unabhängigkeit und Leistung zu erreichen, das du dir wünschst.

1. Nutze die Erkenntnisse aus dem Denkzeug „Äußere Hindernisse" und achte bewusst darauf, was Leute zu dir sagen und warum. Lasse dich von anderen nicht mehr herunterputzen oder klein machen und wende dich positiven Menschen zu.
2. Behandle dich selbst wie deinen allerbesten Freund.
3. Trage deine Stärkenliste aus Schritt 3 immer bei dir, und wenn du schwächelst, lese sie durch und stärke dich damit.
4. Halte jedes Mal, wenn du dich bei einem negativen Selbstgespräch ertappst, inne, und formuliere es stattdessen positiv – so, dass es sich gut für dich anfühlt. Probiere unseren Trick aus, der hilft, bewusster zu werden und positiver mit dir selbst zu reden: Trage am rechten Arm ein Armband, das dich tagsüber immer erinnert, dass du nett zu dir sein sollst. Beschimpfe dich nicht, wenn du merkst, dass du dich wieder mal herabgespielt hast – das wäre doppelt kontraproduktiv. Sondern bedanke dich bei dir dafür, dass du es jetzt merkst und gestalte dein Selbstgespräch positiver.
5. Stelle in Frage, was du selbst negativ über dich denkst und hinterfrage dessen Gültigkeit (mehr dazu im nächsten Abschnitt).

Lass dir anhand eines persönlichen Beispiels von Oliver illustrieren, wie eine positive Selbstbeurteilung sein Selbstbild und damit seine Fähigkeiten in einem bestimmten Bereich verbesserte:

„Ich hatte immer Angst davor, vor einem großen Publikum zu sprechen und hielt mich für einen lausigen Redner. Bis zu jenem Tag, als ich bei meiner Abiturabschlussfeier spontan aufstand und eine fünfminütige Stegreifrede über die Höhepunkte unserer gemeinsamen Schulzeit hielt. Ich erntete Applaus von Eltern und Schülern. Dieses Ereignis übte einen positiven Einfluss auf die Einschätzung meiner Redefähigkeit aus und initiierte einen Zyklus positiver Bestärkung. Ich fing an, nach zusätzlichen Gelegenheiten zum Sprechen vor Publikum zu suchen, und akzeptierte nach und nach immer größere Vortragsengagements. Ehe ich mich versah, sprach ich erfolgreich vor einem Saal mit 150 Top-Managern in einer fremden Sprache auf der anderen Seite der Welt.
Ich fahndete nach weiteren Trainingsmöglichkeiten, um mich noch mehr zu verbessern. Ich besuchte Seminare und trat Toastmasters bei, einem internationalen Rednerclub, der seine Mitglieder in der Kunst der

öffentlichen Rede unterrichtet. Je mehr ich mich weiterbildete und übte, umso mehr beherrschte ich die Feinheiten im Umgang mit dem Publikum. Ich fand heraus, wann es am besten war zu improvisieren, die Stimme leidenschaftlich zu erheben, leise zu flüstern, still zu stehen, zackige Gesten zu verwenden oder durch eine unerwartete Wortwahl zu überraschen. Schließlich machte es mir einen Riesenspaß, vor einem Saal voller Menschen zu reden. In diesem Beispiel habe ich selbst für ein positives Gewichtsstück auf meiner Waage gesorgt."

Leider kann Oliver auch mit Beispielen aufwarten, wie das negative Feedback anderer unserem Selbstbild schaden und unsere Motivation im Keim ersticken kann.

„Mit sechs bekam ich von meiner Mutter eine schöne Blockflöte geschenkt, weil sie wollte, dass ich ein Instrument lernte. Stolz ging ich zu meinem ersten Musikunterricht. Professor Koester, ein finster aussehender Mann mit Nickelbrille, bat mich aufzustehen und vor der Gruppe das „Kuckuckslied" zu spielen. Ich hatte noch nie von dem Lied gehört und erst recht keine Ahnung, wie ich mit meinen winzigen Fingern die Öffnungen auf der Flöte verschließen musste, um einen reinen Ton zu erzeugen. Ich beschloss zu improvisieren, und das Ergebnis klang ein wenig so, als wollte ich eine Schlange hypnotisieren. In einer fünfminütigen Lektion vor 20 anderen Kindern überzeugte der Professor mich davon, dass ich hoffnungslos unmusikalisch und eine Schande für jeden Musiker, verstorbene eingeschlossen, wäre. Unnötig zu sagen, dass ich bis heute Mühe habe, ein Instrument zu spielen, obwohl ich Musik über alles liebe."

In diesem Beispiel hat eine andere Person für ein negatives Gewichtsstück auf der Selbstbildwaage gesorgt, ohne dafür um Erlaubnis zu bitten. Im Verlauf unseres Lebens wird unsere Selbstbild-Waage mit vielen solcher negativen Gewichtsstücke beschwert – manchmal merken wir, wenn dies geschieht, manchmal aber nicht. Gerade Kinder sind empfänglich für jede Art von positivem oder negativem Feedback und in dieser Zeit wird das Fundament dafür gelegt, wie sie später über sich denken und sich entwickeln. Daher sollte jeder sehr behutsam mit Feedback und Beurteilungen umgehen – insbesondere Kindern gegenüber.

Übung 39: Selbstbildwaage-Check. Überlege jetzt spontan, wie du dich selbst siehst.

- ⭘ Eher negativ
- ⭘ Eher neutral
- ⭘ Eher positiv

Positives Selbstbild durch Einklang von Herz und Verstand

Wenn das Innere mit deinem Herzen für die Person steht, die du wirklich bist, steht der Verstand für die Person, die du zu sein glaubst oder als die du sich siehst.
Je weiter Herz und Verstand auseinanderklaffen, umso weniger lebst du das, was du gern leben möchtest.

Der Verstand ist der Ort, an dem unser Selbstbild geformt wird – aus unseren eigenen Erfahrungen, aus dem positiven oder negativen Feedback von uns selbst und anderen, sowie aus der Umwelt und den Medien. Er ist die Schaltzentrale deiner Person. Hier finden unsere Selbstgespräche statt, werden Urteile gefällt und Thesen verankert. Es ist der Ursprung dessen, was wir glauben, und infolgedessen tun oder nicht tun und zur Realität werden lassen. Häufig passiert es, dass der Verstand sich an die vorderste Stelle drängt und dem Inneren seine Ansichten, Prinzipien und Ambitionen aufdrücken will. Als Konsequenz daraus leidet die Person in ihrer Gesamtheit.

So nimmt der Verstand großen Einfluss auf unser persönliches Wachstum. Er kann es blockieren und unterdrücken, er kann es aber auch fördern und nähren. Je nachdem, wie harmonisch das Verhältnis zwischen Verstand und Herz gepolt ist.

Oft wird der Verstand auch als das Ich, Ego, mentaler, zerebraler oder kognitiver Bereich, Geist oder Bewusstseinszentrum bezeichnet. Es ist der Ort, an dem drei verschiedene Phänomene unabhängig voneinander aktiv sind:

- Der Intellekt mit seiner Fähigkeit zu Reflexion, Bewusstsein, Analyse, Verstehen, Argumentation, rationalem Denken und Logik.

- Die Freiheit oder Macht, Entscheidungen zu fällen.
- Der Wille oder die Fähigkeit, physische und psychische Energien und Kräfte zu mobilisieren, so dass Veränderungen in der physischen Welt bewirkt werden.

In den ersten vier Schritten haben wir bewusst den Verstand ausgeschaltet, um unserem Herzen und unserem Inneren die Möglichkeit zu geben, an die Oberfläche zu kommen. Ihn auf Dauer aber komplett ausgeschaltet zu lassen, ist unserer Meinung nach nicht förderlich. Denn nicht alles, was er zu melden hat, ist unsinnig. Oft gibt er als konstruktiver Kritiker vernünftige Hinweise, die wichtig sind und beachtet werden sollten.

Daher gilt es jetzt, den Argumenten des Verstands Gehör zu schenken und ihn in Einklang mit deinem Herzen und Inneren zu bringen. Dazu beleuchtest du, welche Argumente wirklich nützlich sind und weiterhelfen und welche als längst veraltete, nicht mehr gültige Thesen über Bord geschmissen werden können.

Martin Luther sagte einst: „Du bist heute das, was du gestern gedacht hast."

Wenn wir mit zu vielen „Ja, aber ..."-Sätzen eine Veränderung nicht zulassen, versperren wir uns also den Weg, morgen das zu sein, was wir sein möchten.

Solche blockierenden Glaubens- und „Ja, aber ..."-Sätze bilden sich manchmal aufgrund persönlicher traumatischer Erlebnisse, etwa durch wiederholtes Versagen, eine erlittene Behinderung durch einen Unfall, den Tod eines nahestehenden Menschen oder immer wieder verlassen worden zu sein. Andere wiederum entspringen nicht den eigenen Erfahrungen, sondern, wie zuletzt schon bearbeitet, aus dem, was andere einem immer wieder eingetrichtert haben. Das müssen aber nicht nur die Eltern, Lehrer, Freunde gewesen sein, sondern auch einfach nur die sich ständig wiederholenden schlechten Nachrichten in den Medien. Je öfter sich Erlebnisse wiederholen, desto mehr schleifen sich diese Sätze ein.

Neueste Studien dazu belegen, dass Menschen, die es vermeiden, sich negativen Medienberichten auszusetzen, deutlich glücklicher und erfolgreicher sind. Zu viele schlechte Erlebnisse ziehen uns also nicht nur nach unten und frustrieren uns, sondern sie meißeln sich immer tiefer in unsere Gedankenstruktur, mutieren so zu unverrückbaren Wahrheiten und bringen dann unsere "Ja, aber ..."-Sätze hervor.

Manche Menschen antworten zum Beispiel auf die Aufforderung, seinem Traumjob doch einfach zu folgen, gerne mit:

"Ja, aber ...
- ... mir fehlt die Schulausbildung."
- ... ich habe das falsche Geschlecht."
- ... ich habe die falsche Hautfarbe."
- ... ich bin zu alt."
- ... es will mich dann eh keiner haben."

Und so weiter. Diese Aussagen sind oft schon so präsent, dass man erst gar nicht mehr überlegt, ob sie tatsächlich der Wahrheit entsprechen, und keinen Versuch mehr unternimmt, sie zu kippen. Im Gegenteil, vielmehr arbeiten wir Tag für Tag daran, sie uns immer wieder zu bestätigen. Sollte es sich doch einmal anders herausstellen, tun wir es als Glück, Zufall oder einmaligen Ausreißer ab.

Umso wichtiger ist es daher jetzt, überkommenes Denken über Bord zu werfen, damit du nicht weiter in einem suboptimalen Zustand verharren musst. Das Positive daran ist, dass sich diese Sätze verlernen, auflösen und in neue umlenken lassen.

Die Funktion des Gehirns spielt dabei eine entscheidende Rolle. Deshalb möchten wir dich jetzt an ein paar Erkenntnissen aus der neurologischen Forschung teilhaben lassen. Stell dir vor, dein Gehirn beginnt als großes, weißes, unberührtes Schneefeld. Es gibt aber bereits ein paar Strukturen, die uns durch unsere inneren Motive und durch Vererbung mitgegeben wurden. Alles, was wir dann erleben, hinterlässt zunächst kleine Trampelpfade in diesem großen Feld. Je öfter wir das Gleiche erfahren und abspeichern – egal ob Erfolg oder Misserfolg –, desto breiter und gefestigter werden diese Pfade, bis sie erst zu Straßen und schließlich zu breiten, gut geräumten „Denkautobahnen" mutieren. Es fällt uns natürlich leichter, uns auf diesen vermeintlich sicheren und breiten Autobahnen zu bewegen, deshalb wollen wir sie am liebsten gar nicht mehr verlassen. Vor allem, weil das Gehirn es liebt, Energie zu sparen, und Gewohnheiten sparen

Energie, egal ob sie positiv oder negativ sind. Im Hinblick auf die positiven Erlebnisse mag eine breite Bahn auch gut sein, aber angesichts der negativen wird es immer hinderlicher.

Wollen wir nun mit Misserfolgen aus unserer Vergangenheit und daraus resultierenden Thesen und „Ja, aber ..."-Sätzen aufräumen, bleibt uns nichts anderes übrig, als über die inzwischen auch noch gezogene Leitplanke zu steigen und querfeldein im tiefen Schnee einen neuen Trampelpfad anzulegen, der uns in eine positive Richtung führt. Das ist zunächst anstrengend, so dass viele von uns sich die Mühe sparen wollen. Deshalb zieht es uns immer wieder zurück auf den leichteren Weg, der aber leider wieder zurück in die falsche Richtung führt.

Die neuen Trampelpfade machen wir leichter begehbar, wenn wir sie – am besten täglich – wieder aufsuchen und ausweiten. Um uns davor zu hüten, zu den alten Autobahnen zurückzukehren, ignorieren wir sie eine Weile, damit sie im Laufe der Zeit wieder frisch beschneit werden, bis nichts mehr von ihnen übrig ist.

In der Praxis heißt das, dass wir aufhören müssen, die immer gleichen hinderlichen Sätze vor uns hinzusagen oder zu denken und uns selbst ständig klein zu machen. Das Beste wäre, wenn du es schaffst, den Spieß umzudrehen und die hinderlichen Sätze mit mutmachenden und zielorientierten Aussagen auszutauschen. Übung macht dabei (mental) den Meister.

Übung 40: Gegenargumente des Verstands zu Wort kommen lassen.

1. Hol deine beruflichen Vorstellungen und Träume aus Schritt 4 hervor und trage sie stichwortartig in der nachfolgenden Tabelle ein. In die zweite Spalte schreibst du dazu deine Argumente, warum du deinen Traum bisher noch nicht verfolgt hast. Egal, ob es Argumente sind, mit denen du dich klein machst, oder ob dein Verstand aufgrund seiner Erfahrungen oder Feedbacks anderer nicht daran glaubt, dass es funktioniert und es dir ausreden will. Beginne deine Sätze mit „Ich möchte ... schon gern tun, aber ..." oder „Ich glaube, das funktioniert nicht, weil ..."
(Du kannst diese Übung später auch mit anderen unerfüllten Träumen und Wünschen machen).

Meine beruflichen Wünsche	Blockierendes Gegenargument: „aber ...", „Ich glaube, das klappt nicht, weil ...
Beispiel: Ich möchte mich selbstständig machen ...	... das Gründungskapital reicht nicht aus." ... ich bin schon zu alt dafür." ... der Wettbewerb ist viel zu stark." ... dann kommt meine Familie zu kurz."

2. Schau dir jetzt deine Argumente genauer an und beantworte jeweils folgende Fragen dazu:

   Entspringt das Argument Erfahrungen, die du selbst gemacht hast?
   ○ nein   ○ ja
   Wenn keine eigenen Erfahrungen, entspringt das Argument dann
   - ○ nur einer Angst? *(dann löse diese im nächsten Denkzeug auf)*
   - ○ aufgrund mangelnden Selbstwertgefühls und Vertrauen in dich selbst? *(dann nutze die Tipps aus der Selbstbildwaage)*
   - ○ etwas anderem, nämlich _____

   Wenn keine eigenen Erfahrungen, von wem hast du es übernommen?

   _____

   Wie viele andere Menschen würden dein Argument bestätigen?
   ○ keiner ○ nur wenige ○ viele ○ alle

Wenn aus eigener Erfahrung entstanden, wie oft und wann hat es sich in der Wirklichkeit schon mal für dich selbst bestätigt?
○ einmal   ○ 2-5 mal   ○ öfter

Wann zuletzt *(ungefähres Datum)*: _____

Wann ist dein Argument entstanden? _____

Hat sich dein Argument im Laufe deines Lebens verändert?
○ nein   ○ ja, es wurde stärker   ○ ja, es wurde schwächer

Hast du das Argument jemals genauer geprüft, ob es tatsächlich stimmt? Um das zu prüfen, nutzen wir gerne die vier „The Work"-Fragen von ©Byron Katie Mitchell, eine US-amerikanische Achtsamkeitslehrerin und Bestsellerautorin.
Wichtig beim Beantworten der Fragen ist, dass du nicht den Verstand antworten lässt, sondern am besten die Augen schließt und in dich reinhörst, was von innen heraus auftaucht:

a. Ist dein negatives Argument wirklich wahr?
   ○ nein   ○ ja

b. Bist du dir 100% sicher, dass es wahr ist?
   ○ nein   ○ ja

c. Wie reagierst du, wenn du es glaubst (gegenüber dir selbst, gegenüber anderen)?

   _____

d. Wie (re-)agierst du, wenn du es nicht denkst?

   _____

Welche gegenteiligen Erfahrungen oder Menschen, die das Gegenteil von deinem Argument leben, kennst du? Frage dazu auch andere Personen und sammle Gegenteiliges – du wirst sehen, da gibt es eine Menge. Notiere deine Eindrücke:

_____

Bleiben jetzt immer noch *hinderliche* Argumente offen?
○ nein   ○ ja

Wenn ja, übertrage diese Argumente in die untere Tabelle und kehre sie in Mutmacher-Sätze um, die genauso wahr sind. Nutze dazu auch deine Stärken oder Erfolgserlebnisse, die dich schon einmal im Leben beflügelt und weitergebracht haben.

Meine belastenden Argumente	Mutmacher-Sätze
Beispiel: • „... aber ich bin schon zu alt dafür." • „... ich glaube, der Wettbewerb ist besser als ich." • „... aber dann kommt meine Familie zu kurz."	• „Es ist nie zu spät. Ich kenne einen 70-jährigen Arzt, der erst mit 50 studiert hat." • „Mit meinem Stärkenpaket bin ich einzigartig und die Konkurrenz kann nicht, was ich kann." • Meine Familie liebt mich und will, dass ich glücklich bin. Auch sie wird davon profitieren."

Bewahre diese Mutmacher-Sätze ebenso gut auf wie deine Stärkenbilanz und verliere sie nicht wieder im gewohnten Alltag. Ergänze sie, wenn neue auftauchen und hinzukommen. Du feuerst damit dein Möglichkeitsdenken an, so dass du die Veränderung Schritt für Schritt herbeiführen kannst, die du dir wünschst, und in deinem Tun freier wirst.

Blockaden und Grenzen, die durch die inneren Motive verursacht werden

Der Blick zurück auf die beiden Zickzacklinien im Denkzeug „Meine inneren Motive und ihr Antrieb" hat dir gezeigt, in welchen inneren Motiven Lücken zu schließen sind, weil dein Antrieb im Alltag bisher nicht gelebt werden konnte. Du hast für dich erkannt, wo das äußere Umfeld und deine aktuelle Situation mit deinem Inneren kollidieren, und damit festgelegt, wo du etwas verändern solltest und wo du dich nicht verbiegen möchtest und lieber das System verlässt.

Oft steckt aber nicht nur eine tiefe Überzeugung dahinter, wenn man sich nicht verbiegen oder etwas verändern will, sondern die pure Angst. Denn etwas anders zu machen oder anders zu sein wie bisher, heißt ja, auch sein Verhalten zu ändern und über seine gewohnten Grenzen hinaus zu müssen. Je mehr man dabei seine Grenzen überschreiten soll, umso größer wird die Angst vor den unbekannten Konsequenzen.

Die inneren Motive und deine Einstufung, die du in Schritt 3 gemacht hast, hilft dir auch jetzt dabei, deine Grenzen und die Ursachen dafür besser zu verstehen. Mit dem Wissen, welche inneren Motive hinter deinen Ängsten stecken, kannst du diese wesentlich leichter beseitigen.

Ein paar Beispiele, welche inneren Motive Ängste schüren:
- Bei einem niedrigen Wert im Motiv „Abenteuerlust" ist die Neigung generell groß, ängstlich zu sein. Du bist dann weniger mutig und bereit, Risiken einzugehen oder über deine Grenzen hinauszugehen. Wenn dies auch noch das niedrigste Motiv ist, schwingt die Angst über allem.

- Das Motiv „Bestätigung" mit einem hohen Wert kann es einem unmöglich machen, sein Stärkenpaket auszuleben, weil einen die Angst vor negativer Kritik oder ausbleibendem Lob zurückhält.
- Ein hohes Motiv „Bewahren" führt dazu, dass du es liebst, dich in gewohnten Gefilden aufzuhalten. Da kann jede neue Veränderung zum Stress werden und Ängste auslösen.
- Ein niedriger Wert in „Sichtbarkeit/Außenwirkung" ist immer dann problematisch, wenn es darum geht, hervorstechen und sich abheben zu müssen, z. B. bei einer Bewerbung oder bei Kunden im Vergleich zum Wettbewerb.

Die folgenden Beispiele zeigen, dass auch andere innere Motive Ängste auslösen und dich bremsen können, wenn es darum geht, zu neuen Ufern aufzubrechen oder Veränderungen anzunehmen:

- Du hast einen hohen Familienwert und sollst für deine Firma im kommenden Jahr für mehrere Monate in einem entfernten Land arbeiten.
- Du hast einen niedrigen Wert in Hilfsbereitschaft und sollst plötzlich in anderen Teams aushelfen.
- Du hast einen niedrigen Sichtbarkeitswert, der bisher kein Problem bereitete, aber nun sollst du als Experte für deine Firma auf Konferenzen als Speaker sprechen.
- Du hast einen großen Unabhängigkeitsdrang, konntest bisher sehr eigenverantwortlich arbeiten und sollst nun mit einem Team mit mehreren Mitarbeitern zusammenarbeiten.
- Dein Wissendurst ist niedrig, du bis zufrieden mit dem, was du alles kannst. Nun finden größere Veränderungen im Unternehmen statt und du musst schwierige Fortbildungen mitmachen und kannst nicht mehr wie gewohnt arbeiten.

Ob sich die Werte deiner inneren Motive erst im Laufe deines Lebens manifestiert haben, weil du eine strenge Erziehung hattest, immer klein geredet wurdest oder schon öfter auf die Nase gefallen bist, oder ob sie schon seit deiner Geburt da waren, ist unerheblich.

Wichtig ist dagegen die Frage, was du jetzt konkret tun kannst, um altgewohnte Pfade zu verlassen und dir die neuen Berufsfelder und Möglichkeiten zu erschließen, die du dir anhand deiner Bearbeitung dieses Buches erträumst - ungewohnte, beängstigende eingeschlossen.

Wenig hilfreich sind dabei brachiale Methoden, wie sie der eine oder andere von uns schon erlebt hat. So werden bei Firmenteamworkshops Teilnehmer immer noch dazu genötigt, über glühende Kohlen zu laufen oder auf Hochseilen zu balancieren - immer unter dem Label des Teambuilding oder der Führungskräfteentwicklung. Alles unseriöse und fahrlässige Aktionen – wie wir meinen, denn Grenzen, die wir durch unsere inneren Motive faktisch haben, können nur durch innere Arbeit aufgehoben werden und nicht durch das Aufzwängen und Erleben externer Extremereignisse. Denn während Menschen mit einem hohen Wert im Motiv Abenteuerlust/Belastbarkeit mit so etwas in der Regel kein Problem haben, lösen derartige Übungen bei allen anderen, die einen niedrigen Wert darin haben, Angstzustände und Depressionen aus, weil der Sprung über die persönlichen Grenzen einfach viel zu groß ist.

So erweiterst du deine Grenzen richtig

Mit der folgenden Übung zeigen wir dir, wie du ein inneres Motiv und das daraus resultierende Verhalten behutsam und dauerhaft ändern kannst. Immer, wenn du nicht mehr weiterkommst, ist es gut zu reflektieren, mit welchem inneren Motiv du dir selbst im Weg stehst und diese Übung durchzuführst. Die Betonung liegt dabei auf behutsamer Grenzerweiterung, also vom innersten Kreis in den mittleren Kreis. Jeder Sprung darüber hinaus ist zwar kurzfristig möglich, aber vom Ergebnis her mit einer Jo-Jo-Diät vergleichbar – du fällst nicht nur in den Anfangszustand zurück, sondern kannst sogar noch mehr Blockaden hervorrufen.

Wenn du also beispielsweise Nichtschwimmer bist, solltest du nicht gleich in den weiten Ozean mit hohen Wellen springen. Beginne erst mal damit, mit Wasser in Berührung zu kommen. Strecke deine Zehen hinein, wandere anschließend in knietiefes Gewässer, hol dir Unterstützung durch einen Schwimmtrainer und übe, übe, übe dann Stück für Stück weiter. Erweitere deine Grenzen immer nur in dem Maße, wie es für dich tragbar ist und erlange auf diese Weise mehr und mehr innere Stärke und Wachstum.

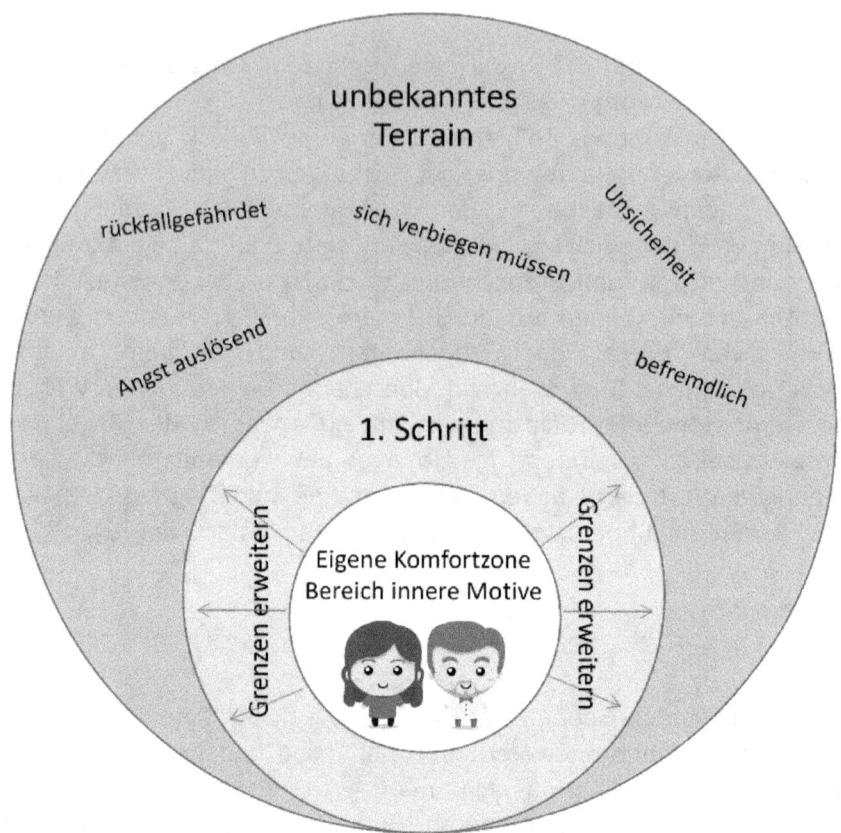

Übung 41: Grenzen und Komfortzone erweitern, innere Motive und Verhalten ändern, Ängste überwinden.

Hol dir aus dem Denkzeug „Meine inneren Motive und ihr Antrieb" jetzt alle Motive hervor, die du verändern möchtest, weil du dir dadurch ein berufliches Weiterkommen erhoffst. Begründe kurz, warum dir das wichtig ist.

Trage in der zweiten Spalte das entsprechende Zeichen dazu ein, ob du deinen Motivwert senken oder erhöhen möchtest. In der dritten Spalte schreibst du auf, was an deinem Verhalten darin hinderlich ist und in der vierten Spalte die Angst, die du vor einer Veränderung hast.

Zu verändernde inneren Motive	↑↓	Blockierendes Verhalten	Angst vor den Konsequenzen durch Veränderung
Beispiel: Einfluss/Macht	↑	Ich überlasse immer viel zu schnell anderen das Zepter, wenn es um leitende Aufgaben geht.	Ich scheue mich davor, meinen Kollegen zu sagen, wo es langgeht und habe Angst davor, falsche Entscheidungen zu treffen.

Damit du dir dein meist automatisiert ablaufendes hinderliches Verhalten bewusst machst und verändern kannst, brauchst du am besten einen Marker, der dich jedes Mal darauf aufmerksam macht, wenn du Gefahr läufst, ein automatisches Verhaltensmuster abzuspielen.

Möglicherweise achtest du schon ab sofort besser darauf, nur weil du es dir zuvor aufgeschrieben hast. Hilfreicher ist es aber, wenn du es im Alltagskontext oder einer Situation sofort bemerkst, wodurch dein Verhalten in der Regel ausgelöst wird, um gleich besser gegensteuern zu können.

In Klammern findest du Marker, die nützlich sein könnten, um den Wunsch der Machterhöhung aus dem obigen Beispiel zu unterstützen. Ist es:

- **eine Person?** *(Vielleicht gibt es eine Hauptperson, der du dich untergeben fühlst und ständig klein beigibst. Dann beginne zuerst nur bei dieser Person, dein Verhalten zu ändern.)*
- **ein bestimmter Ort?** *(Vielleicht gibt es einen bestimmten Ort, wo du überwiegend bereit bist, das Zepter abzugeben, zum Beispiel immer im Büro deines Vorgesetzten. Dann versuche an diesem Ort bewusst dein Verhalten zu verändern oder sich woanders zu treffen.)*

- eine bestimmte Tageszeit? *(Vielleicht sind es immer die Spätnachmittage, an denen du schon erschöpft bist und keine Kraft mehr dazu hast, Initiative zu ergreifen und ein leitendes Projekt anzunehmen. Dann nimm dir zum Beispiel vor, allen zu sagen, dass man dich besser vormittags dafür gewinnen kann.)*
- **ein bestimmtes Ereignis unmittelbar davor?** *(Vielleicht passiert es nur in Meetings, dass sich andere durch ihre vorlaute Art die Filetprojekte abgreifen, dann lass gleich zu Beginn verlauten, dass du gern Verantwortung übernehmen möchtest.)*
- **ein bestimmtes Gefühl?** *(Vielleicht löst ein Gefühl wie Angst die Unentschlossenheit oder den Rückzug aus, dann versuche, anfangs z. B. erstmal kleinere leitende Projekte zu übernehmen.)*

Wenn du mehrere Häkchen setzen kannst, entscheide dich jetzt für den maßgeblichen Auslösereiz und markiere ihn farbig. Achte ab sofort darauf, in dieser Situation dein Verhalten zu verändern. Du kannst dann stufenweise das neue Verhalten auch in anderen Situationen einführen. Halte hier fest, was du ab sofort in welcher Situation in einem ersten kleinen Schritt ändern wirst und in deinen Alltag neu integrierst.

Zu verändernde inneren Motive	↑↓	Erster Schritt
Beispiel: Einfluss/Macht in **Meetings**	↑	Beispiel: Ich werde bei meinem nächsten Meeting gleich zu Beginn ankündigen, ein Projekt übernehmen zu wollen.

Eine gute weitere Stütze ist es auch, ein Tagebuch über deine neuen Verhaltensweisen und Erfolge zu führen. Schreibe jeden Tag zur gleichen Zeit auf (am besten vor dem Schlafengehen), ob und wie es dir gelungen ist, deine Grenzen zu erweitern, und belohne dich dafür. Für den Fall, dass du mal bei deinen Veränderungsaktivitäten „stolperst", überlege, was du das nächste Mal tun kannst, damit es nicht wieder passiert und notiere es ebenso.

Innere Konflikte lösen

Jetzt gehen wir noch ein bisschen tiefer und räumen auch die letzten Hindernisse aus dem Weg.

Kennst du das? Manchmal haben wir das Gefühl, dass zwei oder mehr Stimmen in unserem Inneren miteinander diskutieren und im Widerspruch zueinanderstehen. Somit kann eine innere Zufriedenheit einfach nicht hergestellt werden. Was du da „hörst", sind deine Motive, die einen Kampf ausfechten, weil ihre Antriebskräfte in verschiedene Richtungen ziehen. Manchmal siegt dann die eine Stimme, manchmal die andere, manchmal aber auch gar keine und am Ende bleibt oft ein ungutes Gefühl zurück.

Um das besser zu verstehen, hier ein Beispiel. Hinter einem hohen Wert im Motiv „Bestätigung/Wertschätzung" steckt ein starker Wunsch nach Lob und Anerkennung. Man ist unsicher, ob man für das, was man wirklich tun möchte, tatsächlich gut genug ist. Wenn du gleichzeitig ein hohes Motiv Unabhängigkeit hast und dich selbstständig machen möchtest, zögern diese nagenden Selbstzweifel den Wunsch einer Selbstständigkeit immer weiter hinaus und können ihn sogar ganz ausbremsen. Erst wenn du nicht mehr abhängig bist vom Zuspruch der anderen und selbst überzeugt bist, dass es funktionieren kann, bringst du deine Pferdestärken auf die Straße und wagst den Sprung.

Eine persönliche Geschichte in unserer Familie, wo wir den Veränderungsprozess im Verlauf gut beobachten konnten, veranschaulicht das ganz gut.

Eine unsere Töchter fühlte sich völig unterfordert in ihrem Leben und war ziemlich unglücklich über ihre Entwicklung. Sie hatte in der 11. Klasse die Schule geschmissen und wusste nicht, wie es weitergehen sollte. Sie entschied sich, in unserem Unternehmen eine kaufmännische Ausbildung zu absolvieren, fand sich dabei aber auch nicht so ganz wieder. Als sie die Innere-Motiv-Analyse ausgefüllt hatte, war ihr sofort klar, was sie ändern musste. Sie hatte von 20 Motiven ganze 13 als sehr hoch bewertet, lebte aber nur ein paar davon tatsächlich im Alltag aus. Sie verstand, dass einzig ihr hohes Motiv „Bestätigung/Wertschätzung" sie davon abhielt, ihre Ideen, Vorschläge und Arbeiten anderen zu zeigen, weil sie Angst hatte, nicht genug Lob dafür zu bekommen. Sie setzte sich als Ziel, ihr Selbstwertgefühl zu steigern und den Wert ihrer Fähigkeiten und Stärken nicht mehr an der Bestätigung anderer zu messen. Sie übte sich täglich darin, sich selbst zu bestätigen und nicht auf Anerkennung der anderen zu warten. Durch diesen Prozess wurde ihr dann auch klar, was ihre wahre Berufung ist, und da sie ihre Selbstzweifel mehr und mehr in den Griff bekam, traute sie sich auch zu, diesen Weg zu gehen. Sie brachte die Ausbildung konsequent zu Ende, holte ihr Abitur nach und schloss als Beste ab. Danach begann sie Gamedesign in Berlin zu studieren. Ganz nebenbei eroberte sie auch ihren Herzensmensch - ein schöner Nebeneffekt, von dem sie lange nur geträumt hatte.

Auch ein hohes Motiv der „Hilfsbereitschaft" kann es anderen Motiven schwer machen, sich durchzusetzen, denn dann ist man dazu geneigt, beim kleinsten Hilferuf für andere alles uneigennützig stehen und liegen zu lassen, ohne groß darüber nachzudenken.
Da können beispielsweise Motive wie „finanzielle Sicherheit" oder „Familie" darunter leiden und Frust aufkommen lassen, weil du vielleicht wieder zu großzügig spendest oder keine Zeit mehr für die Familie bleibt.

Ein hoher Wert bei „Familie" hingegen ist schwer in Einklang zu bringen mit einem hohen Motiv der „Unabhängigkeit", gerade wenn die Kinder noch klein sind und ihre Aufmerksamkeit und Betreuung verlangen. Da wirst du immer wieder abwägen müssen, welchem Antrieb du mehr Raum geben kannst und willst.

Es gibt viele weitere Kombinationsmöglichkeiten, die wir hier leider nicht behandeln können. Falls du aber mehr für dich und deinen eigenen Weg erfahren willst, empfehlen wir dir, eine ausführliche Analyse zu machen.

Übung 42: Schau dir deine sehr hohen (3 oder 4) und sehr niedrigen (0 oder 1) Motivwerte aus dem Denkzeug „Meine inneren Motive und ihr Antrieb" an und überlege, welche inneren Motive sich dabei immer wieder gegenseitig im Weg stehen und dich in ein inneres Streitgespräch bringen. Trage dann in die erste Spalte die Motive ein, die sich im Weg stehen. Überlege, welches der beiden Motive mächtiger ist und dich in deiner Entwicklung maßgeblich blockiert, und kreise es ein. In der zweiten Spalte vermerkst du, ob du es senken „↓"oder erhöhen „↑" willst. Und in der dritten Spalte überlegst du dir einen ersten Schritt, um diesen Konflikt zu lösen.

Kollidierende innere Motive	↑↓	Notwendige Veränderung
Beispiel: Harmonie ↯ Macht/Einfluss	↓ ↑	Ich möchte in Zukunft alleine über die Budgetverteilung entscheiden. Dafür werde ich einen Vorschlag für meinen Chef vorbereiten und mich vorsorglich für die Diskussion mit den Kollegen wappnen.

Hinweis: Für kurzfristige Spannungen kann es reichen, sich seines inneren Konflikts nur bewusst zu sein und eines der störenden Motive vorübergehend zu parken. Langfristig solltest du aber abwägen, ob du diesen inneren Kampf tatsächlich immer wieder führen willst und nicht besser das eine oder andere innere Motiv und das resultierende Verhalten verändern solltest.

Welche drei Schlüsselerkenntnisse hast du aus diesem Denkzeug gewonnen? Bringe sie jetzt gleich auf den Punkt.

Der 6-Schritte-Workshop

Wie komme ich hin?

Langzeit-Aktionsplan

> Fassen wir noch einmal zusammen, was du bisher alles geschafft hast, bevor es an die Umsetzung geht. Du hast
> - deine persönliche Stärkenbilanz gezogen,
> - dein Berufungsmodell geschnürt,
> - deine individuelle berufliche Visionsaussage entwickelt und zuletzt
> - deine Hindernisse aus dem Weg geräumt.
>
> Du weißt nun, was gut für dich ist und wo du hinwillst. Entscheidend für deinen Erfolg ist nur noch die Umsetzung. Da du dir mit deiner Visionsaussage ein klares Ziel gesteckt hast, kannst du es jetzt auch erreichen. Es geht nur noch darum, den Weg dahin zu gehen. Dabei helfen wir dir mit diesem letzten Schritt.

Starte also unmittelbar mit der Planung. Auch wenn sich deine Vision vielleicht nicht gleich über Nacht realisieren lässt, befindest du dich bereits auf der Erfolgsspur, denn:

- was dir jetzt noch fehlt, kannst du dir mit der Zeit beschaffen,
- negative Ansichten, die du hegst, kannst du jetzt jederzeit in positive umwandeln,
- die Realisierung hängt nur vom Einsatz ab, den du bereit bist zu erbringen, um das zu werden und zu leben, wovon du träumst.

Wenn Ronald Reagan, ein mittelmäßiger Schauspieler, zum Präsident der Vereinigten Staaten, und Bill Gates, ein 14-jähriger Schulabbrecher, zum reichsten Mann der Welt werden können, warum solltest nicht auch das werden können, was du dir erträumst? Heutzutage ist nichts mehr unmöglich.

Du musst nicht gleich einen harten Schnitt machen und schon heute deinen alten Job kündigen. Wähle stattdessen einen gleitenden Übergang mit so vielen Zwischenschritten, wie es für dich am besten passt.

Angenommen, du bist EDV-Expertin und träumst von einer Karriere als Schauspielerin. Statt die Dinge übers Knie zu brechen, zu kündigen und auf gut Glück Produktions- und Castingfirmen anzurufen, könntest du dich erst um einen Job als EDV-Expertin in der Film- und Fernsehbranche bemühen, das ganze Umfeld besser kennen lernen und prüfen, ob es dir wirklich gefällt, nach und nach die richtigen Kontakte knüpfen und erst dann versuchen, ins schauspielerische Fach zu wechseln, zum Beispiel bei einer Konkurrenzfirma.

Fixiere bei den nachfolgenden Übungen wieder alles schriftlich und trage deine festgelegten Termine in deinen Kalender ein. Sonst kann es dir wie denen gehen, die trotz bester Vorsätze und stunden- oder tagelanger Vorarbeit keinen einzigen Schritt in die Tat umsetzen, weil sie zu locker mit dem Aktionsplan umgegangen und in die Aufschieberitis gerutscht sind. Es soll am Ende ja nicht alles umsonst gewesen sein, oder?! Mach deinen Aktionsplan zu deinem neuen besten Freund, der dich tagtäglich leitet.

Übung 43: Langzeit-Aktionsplan.

Übertrage deine Visionsaussage

_____

_____

_____

_____

Stecke dir einen Rahmen, in welcher Zeit du dein Vorhaben in die Realität umgesetzt haben willst, musst und kannst (denke dabei an deine Gesundheit, Finanzen, notwendige Ausbildungen etc.

_____

Wie sieht dein Leben damit in ca. 5-10 Jahren aus? Was hat sich dann verändert/verbessert? Welche Vorteile wirst du haben?

_____

_____

_____

Nutze die folgenden Tabellen, um deine Aufgaben zu formulieren. Je detaillierter du sie formulierst, umso einfacher wird es, sie umzusetzen. Lege für jede Aufgabe einen Startzeitpunkt (so früh wie möglich) und ein Fälligkeitsdatum fest, bis wann sie abgeschlossen sein soll. Übertrage die Aufgaben in deinen Kalender und lass dich daran erinnern, bis sie erledigt sind. Beginne mit den Aufgaben, die aus den Erkenntnissen in Schritt 5 entstanden sind, als du deine Hindernisse bearbeitet hast.

Hindernisse beseitigen	Was fehlt? Was brauche ich dazu noch? Was muss ich dafür tun?	Wann beginnen?	Bis wann erledigt?
Nervige Zeitfresser-Aktivitäten aus dem Alltag verbannen	Beispiel: Für alle die Wäsche bügeln -> jeder muss sich um seine Sachen ab sofort selbst kümmern. Ich bitte jemanden gegen Bezahlung für meinen Teil.	Kommende Woche	Für immer ☺
Überbrückung und Schließung eventueller finanzieller Lücken	Beispiel: Mehr darüber erfahren, wie man von Investoren Geld einsammeln kann -> 1. Schritt Web durchforsten	Ab sofort 2x pro Woche 1 Std.	2 Wochen
Abhängigkeit von anderen lösen	Beispiel: Eltern -> notwendigen Umzug angehen (Eltern können ja mitkommen, wenn sie wollen, aber nicht verlangen, dass ich vor Ort bleibe)	Kommende Woche	Ende des Jahres

Verantwortung für mein Erwachsenen-ICH übernehmen	Beispiel: Chef -> mich nicht mehr runterputzen lassen	Beim nächsten Gespräch	Laufend
Negative Glaubenssätze und „Ja, aber …"-Sätze in Mutmacher + "To dos" umwandeln	Beispiel: „Mir fehlt die notwendige Ausbildung" -> genau prüfen, welche Ausbildung ich *wirklich* brauche und Wege suchen, um es nebenher durchzuziehen	Ab kommender Woche	In drei Monaten
Innere Motive / Grenzen erweitern	Harmonie senken -> 1. Schritt: meinem Kollegen nicht mehr alles abnehmen, sondern in einem sachlichen (!) Gespräch die Aufgaben klar verteilen	Montag	Laufend
Innere Motiv-Konflikte lösen	Konflikt Familie/Unabhängigkeit -> Feste Familienzeiten in Terminkalender eintragen und daran halten	Ab sofort	Laufend

In der nächsten Tabelle verfährst du genauso. Nur nimm dir dieses Mal deine Visionsaussage zur Hilfe und prüfe, was dir im Einzelnen noch dazu fehlt und was getan werden muss.

Aktivitäten zur Visionsaussage	Was fehlt? Was brauche ich dazu noch? Was muss ich dafür tun?	Wann beginnen?	Bis wann erledigt?
Um die Bezeichnung meiner Tätigkeit zu erreichen	Beispiel: Selbstständigkeit – Existenzgründerberatung, Termin bei IHK ausmachen	Montag	Nach dem Termin
Um mein(e) Dienstleistung/ Produkt anbieten oder herstellen zu können	Beispiel: Spiele-App für Mädchen – Wettbewerbs-Markt scannen – Grundkonzept erarbeiten – …	Ab sofort	Ende August
Um Arbeitgeber oder Kunden zu gewinnen	Beispiel: Zielgruppe Mädchen zwischen 8 und 12 und deren Eltern -> bei passenden Kontakten im eigenen Kreis Grundkonzept vorstellen und diskutieren	Ab 2. September	Jahresende
Sonstiges, was mir noch einfällt	Beispiele: – Netzwerk erweitern – Seminare/Vorträge besuchen	Ab morgen	Laufend

Überlege als Nächstes, welche Ressourcen du für dein Vorankommen mobilisieren kannst. Mobilisiere alles und jeden.

Welche deiner Stärken sind besonders wichtig, um dein Ziel zu erreichen?

_____

_____

Welche deiner inneren Motive sind besonders förderlich und unterstützend?

_____

_____

Wer kann dir bei deinen Aufgaben alles helfen? Wen könntest du fragen oder um Hilfe bitten? Denke dabei auch an jemanden, den du kennst, der wiederum jemanden kennt usw..

_____

_____

Welche Ratschläge würde dir dein Vorbild oder dein bester Freund geben? Was würde er an deiner Stelle tun oder empfehlen?

_____

_____

Mit welchen Erfolgsstrategien hast du in der Vergangenheit schon deine Ziele erreicht und kannst diese hier wieder anwenden? Welche Erfolgsstrategien kannst du von anderen übernehmen und kopieren?

_____

_____

Welche Ressourcen fallen dir sonst noch ein?

_____

_____

Damit deine Umsetzung auch ganz sicher gelingt, teilen wir mit dir jetzt noch die wertvollsten Mini-Denkzeuge aus unserer Schatzkiste zum Umsetzen.

Nutze Bücher, Blogs oder Seminare, um dich in Bereichen, wo du noch eine Lücke hast, fit zu machen.

Investiere in professionelle Berater, die dir dort helfen, wo du kein Experte bist. Zum Beispiel hilft ein Karriereberater bei der Erstellung von Bewerbungsunterlagen, macht dich fit für Vorstellungsgespräche und steht dir bei Gehaltsverhandlungen zur Seite. Der Stundensatz solcher Karriereberater liegt zwischen 80 und 150 Euro – eine Investition, die sich fast immer lohnt, denn oft hast du die Ausgabe schon in den ersten Monaten deiner Anstellung wieder hereingeholt, weil ein guter Karriereberater dir beim Aushandeln besserer Konditionen unter die Arme greift. Oder gehe zur Existenzgründerberatung bei der IHK, wenn du d ich selbstständig machen willst. Natürlich kannst du auch versuchen, alles zu googeln, aber erstens kostet das mehr Zeit und zweitens haben humane Experten Zugang zu Kontakten und Fördergeldern, die sich nicht aus dem Netz ziehen lassen. Informiere dich bei anderen erfolgreichen Selbstständigen darüber, bei wem sie ihr Marketingwissen oder ihr Verkaufstalent erworben haben und welche Fehler sie am Anfang gemacht haben. Gerade für kleinere Betriebe gibt es inzwischen viele günstige und gute Onlineanbieter für Verwaltungsarbeiten.

Scheue dich nicht, andere um Hilfe oder ihre Meinung zu bitten, allerdings nur die, die du in Schritt 5 als positiv bewertet hast. Persönliche Kontakte sind extrem wichtig für deinen Erfolg. Erzähle Menschen, denen du vertraust und deren Meinung du respektierst, von deiner beruflichen Vision. Wir persönlich haben in den letzten 10 Jahren mit mehreren 100 Leuten über unsere Denkzeuge gesprochen. Jedes Mal, wenn wir sie erklären und Fragen dazu beantworten mussten, haben wir etwas dazugelernt. Zusätzlich erhielten wir auch sehr viel moralische Unterstützung. Dafür sind wir sehr dankbar.

Hör nie auf, dir Ziele zu stecken und erstelle jedes Mal einen schriftlichen Aktionsplan, wie du diese erreichen willst. Ganze Bücher wurden geschrieben, die ihren Lesern beim Setzen und Erreichen von Zielen helfen sollen. Das Wichtigste auf den Punkt gebracht: Wenn du dir ein Ziel steckst, hat das eine Fokussierung deiner Energien zur Folge. Dazu muss das Ziel spezifisch, erreichbar und messbar sein. Es schriftlich zu fixieren, erhöht die Chancen seiner Verwirklichung und unterscheidet es von Wünschen oder Hoffnungen. In einer Studie der Yale University wurden dem Examensjahrgang '53 drei Fragen gestellt: „Setzen Sie sich Ziele?", „Schreiben Sie sie auf?" und „Haben Sie einen Plan für ihre Erreichung?" Nur 3% beantworteten alle Fragen mit Ja. Eine Folgestudie fand 20 Jahre später heraus, dass die „Zielsetzer" glücklichere Ehen führten, ein harmonischeres Familienleben hatten, bei besserer Gesundheit und beruflich erfolgreicher waren als der Rest der Befragten. Außerdem entfielen 97% des Nettoeinkommens des Jahrgangs '53 auf die zielstrebigen 3%. Eine andere kürzlich veröffentlichte Studie hat festgestellt, dass alle Befragten der über 100-Jährigen nur eines gemeinsam hatten, warum sie so lange lebten: es war nicht allein der Sport, nicht der Verzicht auf Rauchen oder Alkohol, nicht die Ernährung. Nein, alle hatten immer noch ein Ziel vor Augen, das sie unbedingt erreichen wollen.

Wir persönlich können bestätigen, wie viel es bringt, Ziele schriftlich zu fixieren. Als wir vor 15 Jahren begannen, unsere Ziele festzuhalten (und oft waren und sind diese sehr illusorisch), hätten wir nicht zu hoffen gewagt, sie jemals zu erreichen. Aber heute wissen wir, dass es nichts gibt, hinter das man nicht früher oder später einen Haken setzen kann. Oftmals sehr viel schneller als gedacht.

Auf unserer Liste standen Dinge wie: „5.000 Euro im Monat verdienen", „das Haus abbezahlt haben", „ein Buch veröffentlich haben", „ein Radio-Interview geführt haben", „einen Kreuzfahrturlaub gemacht haben", „in einem fremden Land gelebt und gearbeitet haben", „einen Artikel in einem angesehenen Fachblatt veröffentlicht haben" und so weiter.

Probiere es auch aus. Du wirst sehen, selbst wenn du diesen Zettel mal verlegen solltest (was uns auch schon passiert ist), werden deine Träume Realität werden. Wenn du irgendwo noch einen unerfüllten Traum oder Wunsch in deinem Inneren versteckt hältst, krame ihn hervor, staube ihn ab und schau, ob er dein Herz noch immer höherschlagen lässt. Wenn ja, gib ihm wie deiner Visionsaussage die Gestalt eines schriftlichen Ziels, dem du dich Tag für Tag ein Stückchen näherst. Eines Tages wirst du wieder neue Wünsche ausgraben müssen, weil nur du selbst – und keine geheimnisvolle Kraft und auch keine gute Fee – deine letzten Träume hat Wirklichkeit werden lassen.

Schließe Wissenslücken. Schärfe dein Schwert. Feile an deinen Fähigkeiten, bilde dich weiter und fange an, das, was du tun willst, jeden Tag im kleinen Rahmen zu üben und weiter auszubauen. Die Rückkehr an eine klassische Ausbildungsstätte, um dort einen formellen Abschluss oder ein Zertifikat zu erwerben, muss dabei nicht immer sein und ist oft auch nicht die beste und schnellste Methode, deinen Traum zu verwirklichen, außer ein förmlicher Abschluss oder ein Diplom ist für deinen Plan unverzichtbar - wenn du zum Beispiel Arzt werden willst. Millionen von Menschen auf der ganzen Welt nutzen mittlerweile Online-Schulungsprogramme – auch für kleines Geld!

Zugleich leben wir in der Ära der Partnerschaften und Netzwerke. Denk darüber nach, ob du durch das Eingehen einer strategischen Partnerschaft nicht eher an dein Ziel gelangen kannst. Als wir uns mit der Entwicklung unserer KraftBoxx® tiefer in den Bereich der Psychologie einarbeiteten, überlegten wir auch, ob wir erst vier Jahre Psychologie studieren sollten. Dann wurde uns schnell klar, dass eine Kooperation mit erfahrenen Experten uns viel weiterbringen würde. Auf diese Weise sparten wir drei Jahre und neun Monate kostbare Zeit, die wir in die praktische Umsetzung der theoretischen Konzepte steckten.

Besiege deine Ängste (mit der Übung in Schritt 5). Die Autorin Susan Jeffers schreibt in ihrem viel gelobten Buch „Selbstvertrauen gewinnen. Die Angst vor der Angst verlieren": *„Wenn jeder Angst davor hat, in seinem Leben etwas völlig Neues anzufangen, und so viele es ihrer Angst zum Trotz dennoch tun, lässt das nur den Schluss zu, dass die Angst nicht das eigentliche Problem ist."* Unsere augenblickliche Situation hinter sich zu lassen und unserem Traum zu folgen, ruft natürlich Ängste hervor. Angst vor Zurückweisung, vor dem Scheitern, vor Missbilligung, vor Imageschäden, Angst, sich zum Narren zu machen, ja sogar Angst vor dem Erfolg – all diese Ängste wurzeln in einer einzigen Sorge: *„Ich bin den Anforderungen, die das Leben an mich stellt, nicht gewachsen."* Diese Sorge wiederum rührt von einem Mangel an Selbstbewusstsein bzw. der Tatsache, dass wir unseren Stärken nicht hundertprozentig vertrauen. Die Wahrheit ist: Egal womit das Leben dich konfrontiert – du wirst damit fertig! Wenn andere es geschafft haben, warum dann nicht auch du? Du hast ohnehin keine andere Wahl. Die Einsicht, alles meistern zu können, was sich dir in den Weg stellt, wirkt sehr befreiend, denn was hättest du jetzt noch zu fürchten? Gar nichts! Du kannst endlich aufhören, dich wegen Dingen verrückt zu machen, die sich außerhalb deiner Kontrolle befinden! Sei versichert – du wirst mit allem, was passiert, angemessen und souverän umzugehen verstehen.

Dale Carnegie schreibt in seinem Klassiker *„Sorge Dich nicht und lebe"* unter anderem darüber, wie erleichternd es sein kann, wenn man sich öfter nur auf den Moment und den Augenblick konzentriert. Dann sind viele Ängste, die weit in der Zukunft wirken und vielleicht irgendwann mal eintreffen, gleich mal geparkt. Wenn du dir nämlich nur den heutigen Tag vorstellst, dann wirst du ihn wahrscheinlich ohne große Ängste in Angriff nehmen und zu Ende bringen. Und das geht auch morgen und übermorgen und überübermorgen so.

Natürlich hatten wir auch ein paar Ängste vor einem beruflichen Neubeginn. Wir haben beide ein gut laufendes Unternehmen verlassen und stellten uns ebenso Fragen wie: *„Was, wenn wir keinen Erfolg haben? Oder nicht gut genug sind in dem, wovon wir glauben, dass es uns Spaß machen wird?"*

Nun, das Schlimmste, was uns bei einem Misserfolg hätte passieren können, wäre die Rückkehr in unser altes Jobdasein gewesen. Tatsache ist, dass wir unsere Fähigkeiten automatisch verbessern, wenn wir etwas tun, das uns wirklich Spaß macht. Mehr noch: Die Chancen stehen gut, dass wir in dieser speziellen Tätigkeit sogar besser werden als die meisten anderen, weil uns eine Leidenschaft – das berühmte „Feuer im Bauch" – antreibt (dazu gibt es inzwischen viele Bücher aus der Gehirnforschung, die das erklären).

Die Angst zu besiegen und es dennoch zu tun, hat drei Vorteile:
- Erstens verlierst du deine konstante unterschwellige Angst, die aus einem Gefühl der Hilflosigkeit resultiert. Plötzlich sitzt du am Steuer, statt passiv abzuwarten, was mit dir geschieht.
- Zweitens fühlst du dich jedes Mal, wenn du dich zu etwas Neuem aufraffst, das dir Angst einjagt und mit dem du trotzdem Erfolg hast, stolz und zufrieden und wächst in deiner Persönlichkeit.
- Drittens sind deine Erfolgschancen gleich Null, wenn du es nicht wenigstens probierst. Wenn du es dagegen probierst, genießt du immerhin eine Erfolgschance von 50 Prozent oder mehr. Was ist besser: 50 oder 0 Prozent? Entscheide selbst!

Schiebe nichts mehr auf und packe es an. Das ist das Schwierigste – weil es anstrengend ist, und weil es viel einfacher ist, es auf morgen zu vertagen. Aber das stellt uns nicht zufrieden.

Harry Gray, ein erfolgreicher Geschäftsmann, formulierte treffend: *„Wenn Sie etwas aufschieben, das Sie schon lange tun wollen, worauf um Himmels willen warten Sie? Sie wollten schon immer Banjo spielen? Nehmen Sie Unterricht. Sie träumen vom Urlaub auf einer griechischen Insel? Rufen Sie Ihr Reisebüro an. Sie hassen Ihre Badezimmerwände? Streichen Sie sie neu. Sie fühlen sich wohler, wenn Sie Sport treiben? Fangen Sie mit Jogging an. Sie lieben den Geschmack selbst gezogener Tomaten? Pflanzen Sie welche. Die Schlaglöcher in Ihrer Straße nerven Sie? Besuchen Sie das nächste Gemeinderatstreffen. Was immer es ist, das Sie bislang verschoben haben – tun Sie es jetzt. Warten Sie nicht länger, denn schon morgen könnte es zu spät sein."*

Wie schnell solltest du dich verändern? Wähle das Tempo, das für dich richtig ist und deinen Bedürfnissen gerecht wird. Lass dich nicht anstecken von der Geschwindigkeitsmanie der Medien, sondern strebe jeden Tag nach deinen Fortschritten – in deiner eigenen Geschwindigkeit. Selbst wenn du deinem Projekt anfangs nur zehn Minuten täglich widmen kannst, wird dich das vitalisieren und beflügeln.

Welche drei Schlüsselerkenntnisse hast du aus diesem Denkzeug gewonnen? Bringe sie jetzt gleich auf den Punkt.

Mein 24-Stunden-Vorsatz

> Um von deinen neu gewonnen Einsichten jetzt schnellstmöglich zu profitieren und diese in deinem realen Leben verankern zu können, raten wir dir dringend dazu, den ersten Schritt hin zur Realisierung deiner beruflichen Vision binnen der nächsten 24 Stunden, spätestens aber innerhalb der nächsten drei Tage zu unternehmen. Eine Statistik belegt, wer in dieser Zeit nicht den ersten Schritt gegangen ist, hat seinen Antrieb schon wieder verloren.
>
> Wie schnell du in der Lage sein wirst, den kompletten beruflichen Wechsel zu vollziehen, kannst nur du selbst einschätzen. Bei jedem Menschen spielen einfach viele unterschiedliche Faktoren eine Rolle. Zum Beispiel wie lange es dauert, bis du die nötigen Fähigkeiten erwerbst, eine Anstellung findest, einen Umzug über die Bühne bringst, dir die notwendige finanzielle Unterstützung besorgst etc. Aber wenn du nicht gleich damit beginnst, tust du es wahrscheinlich nie. Und dann verschwindet es wieder irgendwo im Nirwana.

Um also gleich von Anfang an deine Planung zu optimieren, bewährt sich für uns immer wieder der Prozess der Rückwärtsplanung. Normalerweise plant man ja vorwärts, das heißt: Wenn man ein bestimmtes Projekt verfolgt, legt man zunächst ein Startdatum fest und gliedert das Projekt dann in mehrere Zeitblöcke auf. Angenommen, du willst in einer neuen Position in einer anderen Firma arbeiten, könnte dein Plan so aussehen:

Heutiges Datum:	1. Januar
Lebenslauf aktualisieren:	28. Januar
Briefing für Vorstellungsgespräch bis:	15. Februar
Kontakte knüpfen bis:	20. Juli
Fachliche Kompetenzen verbessern bis:	15. Oktober
Eingestellt werden zum:	1. Dezember

Das Problem bei dieser Vorgehensweise: Das Startdatum (und folglich das Umsetzungsdatum) wird häufig nach hinten verschoben, weil du glaubst, mehr Zeit zum Informationensammeln zu benötigen und erst jede noch so kleine Wissenslücke schließen zu wollen, um ja keine Fehler zu riskieren, bevor du richtig loslegst. Insbesondere Leute mit hohem innerem Motive Wissensdurst/Entwicklung sind hier gefährdet. In Wahrheit handelt es sich um eine abgewandelte Form der

„kreativen Vermeidung" oder „Aufschieberitis". Man muss nicht bei allem alles immer perfekt machen oder einen allumfänglichen Plan haben. Oft reicht es, mit weniger zu starten und Stück für Stück, um das zu ergänzen, was noch fehlt.

Versuche es deshalb einfach mit unserer Rückwärtsplanung - sie erfolgt umgekehrt. Sie beginnt mit dem Umsetzungsdatum und rechnet von dort zurück auf den morgigen Tag. Im Langzeitaktionsplan haben wir dir die Frage gestellt, wie viel Zeit du dir geben musst, willst und kannst (aus dieser Kombination von müssen, wollen und können entspringt in der Regel eine sehr realistischer Zeitrahmen).

Diese Übung funktioniert im Übrigen auch für die einzeln zu schließenden Lücken im Worklife-Sensor in Schritt 1.

Beispiel von vorhin weitergeführt: Wenn ich zum 1. Dezember eingestellt werden will,
1. was muss ich in zwölf Monaten von heute an gerechnet erledigt haben?
2. was muss ich in sechs Monaten erledigt haben?
3. was muss ich in drei Monaten erledigt haben?
4. was muss ich in einem Monat erledigt haben?
5. was in zwei Wochen?
6. in einer Woche?
7. in drei Tagen?
8. in den nächsten 24 Stunden?

Übung 44: Wenn du nun das Enddatum aus deinem Langzeit-Aktionsplan zu Grunde legst, wie würde deine Rückwärtsplanung aussehen und womit würdest du sofort loslegen? Beantworte diese Fragen und schreibe auf einem extra Zettel auf, was du in den nächsten 24 Stunden tun wirst. Hänge ihn dorthin, wo du ihn so oft wie möglich vor Augen hast und setze deine Schritte um.

Was muss ich von heute an gerechnet erledigt haben in ...	Aufgaben
12 Monaten?	
6 Monaten?	
3 Monaten	
1 Monat?	
2 Wochen?	
1 Woche?	
3 Tagen?	
24 Stunden?	

Welche drei Schlüsselerkenntnisse hast du aus diesem Denkzeug gewonnen? Bringe sie jetzt gleich auf den Punkt.

Nicht vergessen - hol dir das gratis Workbook (PDF) zum Buch:
Code einscannen oder folgende Webadresse in deinem Webbrowser eingeben:

https://denkzeuge.com/buch-bonus-paket-aa/

Zum Schluss

Dein persönliches Paradies

Ein befreundeter, sehr erfolgreicher Allgemein- und Sportmediziner hat vor vielen Jahren den Großteil seiner Einkünfte in all seine Träume gesteckt und gehofft, sich damit sein privates Paradies zu schaffen - tolles Auto, schnelles Motorrad, durchdesigntes Haus, Appartement in Italien, Yacht auf Mallorca und ein eigenes Lager voller Sportgeräte.

Als wir ihn einige Zeit danach wieder trafen und ihn fragten, wann er das nächste Mal wieder nach Mallorca fährt, sagte er: *„Hört mir bloß auf damit. Ich habe bis auf ein paar Dinge, die mir wirklich am Herzen lagen, alles wieder verkauft. Am Ende war ich nur noch damit beschäftigt, meinen Besitz zu pflegen und hatte meine sowieso schon knappe Freizeit auf Null reduziert. Deshalb habe ich dann zwei weitere Arztkollegen in meiner Praxis aufgenommen, so dass sie immer besetzt ist. Jetzt kann ich einen Teil meiner Arbeitszeit der Begleitung von Sportmannschaften widmen und gleichzeitig meiner Sportleidenschaft nachgehen."*

Sein persönliches Paradies hatte also nicht viel mit dem zu tun, was ihm früher alles schmackhaft gemacht wurde. Erst nach einiger Zeit hat er verstanden, was ihm wirklich Freude bereitet und es privat wie beruflich integriert.

Erfolgreiche Bücher wie Tim Ferriss' 4-Stundenwoche zeigen eindeutig, wovon die Menschen träumen: mit einem Job, der möglichst wenig Arbeit macht, das Paradies auf Erden zu schaffen.

Aber ist das wirklich das Paradies? Muss arbeiten zwangsläufig unangenehm und notwendiges Übel sein, um die Brötchen auf den Tisch zu bringen und den Freizeitspaß zu ermöglichen? Wenn du nach dem Durcharbeiten dieses Buchs auch noch glaubst, dass es nicht möglich ist, Geld zu verdienen und dabei Spaß zu haben, dann wandle diesen negativen Glaubenssatz in einen Mutmacher-Satz um (s. Übung 40 in Schritt 5).

Wir möchten dich hier am Schluss des Buches ein letztes Mal dazu motivieren, dein Bild vom Paradies noch heute in den Alltag zu integrieren und zur Realität werden zu lassen – beruflich wie privat.

Deine inneren Motive helfen dir dabei.

Wir sind gespannt darauf, von deinen Erfahrungen mit unserem Buch zu hören. Schreibe uns. Wir lesen und beantworten jede E-Mail persönlich - versprochen.

Oliver Fritsch und Michaela Lang
info@denkzeuge.com

Unsere Story

Oliver

1992 war ich nach meinem Studium der europäischen Betriebswirtschaft in London und Reutlingen zunächst als erfolgreicher Key Account Manager für ein großes Hightechunternehmen in Deutschland tätig. Meine Kunden waren deutsche Großkonzerne, die ich regelmäßig im protzigen Firmenwagen heimsuchte. Ich bezog ein sechsstelliges Jahreseinkommen und hatte trotz allem das Gefühl, mein Potenzial nicht voll auszuschöpfen.

Offen gestanden langweilte es mich, immer dieselben Firmen zu besuchen und Beziehungen mit Menschen aufzubauen, die nur einem einzigen Ziel galten: dem Verkauf von Produkten. Noch schlimmer: Tagein, tagaus hörte ich die gleichen Geschichten von meinen Kollegen über schnelle Autos, Geld und gescheiterte Beziehungen. Die wöchentlichen Treffen der Verkäufer waren von Alkohol und Nikotin zugenebelte Angelegenheiten. Etwas sagte mir, dass ich mich beruflich verändern sollte, und ich traute mir auch zu, jeden Job zu kriegen, den ich wollte. Trotzdem wusste ich nicht, was ich mit meinem Leben anfangen sollte, ja ich wusste nicht einmal, wo anfangen.

Eines Tages empfahl mir ein Freund die Teilnahme an einem siebentägigen Seminar in einem entlegenen Kloster auf der Schwäbischen Alb. Das Seminar trug den Titel „Wer bin ich?" und wurde von einer konfessionsfreien Gruppe veranstaltet. Eine Chance witternd, der Tretmühle des Alltags für kurze Zeit zu entkommen, machte ich mich auf den Weg. Am Anfang war ich skeptisch und der Gedanke, sieben Tage lang acht Stunden täglich auf zwölf Quadratmetern eingepfercht zu sein, missfiel mir, doch dann beschloss ich, mich auf das Abenteuer einzulassen und zu sehen, was es mir bringen würde.

Neben mir gab es zehn weitere Teilnehmer. Wir saßen im Kreis zusammen und vor uns standen kleine Schreibpulte. Nachdem die Seminarleiterin sich vorgestellt hatte, schrieb sie eine Frage an die Tafel. Sie bat uns, die Frage in unsere Arbeitsbücher zu übertragen und gab uns eine Stunde, sie zu beantworten. Eine ganze Stunde! Auf Anhieb schien mir das viel zu viel Zeit für die Beantwortung einer einzigen Frage, doch nach einer Weile sprudelte es nur so aus mir hervor. Ich war verblüfft, wie viel man über sich selbst herausfinden kann, wenn man unter die Oberfläche blickt. Als die Stunde vorüber war, hätte ich noch lange weiterschreiben können. Dann schrieb die Programmleiterin eine neue Frage an die Tafel und gab uns wieder eine Stunde für ihre Beantwortung. Und so ging es weiter.

Der Prozess, mich durch die Beantwortung der Fragen Stück für Stück vom Ballast meiner persönlichen Geschichte zu lösen, half mir, mich selbst in einem vollkommen anderen Licht zu sehen. Ein Teil des Prozesses bestand darin, das, was ich herausfand, in einer nicht bedrohlichen, sicheren Atmosphäre mit den anderen im Raum zu teilen. Das schuf eine besondere Intimität zwischen uns und erleichterte mich, weil ich merkte, dass ich nicht allein auf meiner Suche nach einem Leben mit mehr Bedeutung war. Sieben Tage später verließ ich das Kloster als neuer Mensch und mit einer klaren Vision, wie mein künftiges Leben aussehen sollte. Die Fragen hatten dazu geführt, dass ich tiefer und tiefer in mein Inneres bohrte, bis ich irgendwann die Antworten fand, die ich brauchte, um meinem Leben eine neue Richtung zu geben, und endlich anfangen konnte, ein Leben zu leben, das wirklich mein eigenes Sein würde!

Drei Monate später nahm ich eine Stelle als Marketingleiter in Italien an und lernte in sechs Monaten Italienisch. Vier Jahre später ging ich in die USA, wo ich den kompletten Internetzyklus mitmachte: angefangen bei der süßen Verheißung, schnell Millionär zu werden, bis zur schockartigen, vollkommen überraschenden Entlassung, kurz vor dem 11. September 2001. Ein harter Schlag, der mich erst einmal völlig herunterzog, aber genau diese bittere Erfahrung und Krise war es, die mich schließlich dazu veranlasste, endlich für meinen Traum und meine Vision aktiv zu werden. Ich machte mich selbstständig und begann, Übungen und sogenannte Denkzeuge zu entwickeln, um meinen Mitmenschen zu helfen, mit ähnlichen traumatischen Erfahrungen schneller fertig zu werden bzw. besser noch, gar nicht erst an diesen Punkt kommen zu müssen, sondern rechtzeitig die Weichen zu stellen und alles zum Guten zu wenden.

Danach dauerte es noch insgesamt fast 10 Jahre, bis ich, nicht zuletzt dank dieses Buches, auf meine Partnerin Michaela gestoßen bin, die seitdem meine Leidenschaft für die persönliche Weiterentwicklung nicht nur teilt, sondern immer wieder mit erfrischenden Impulsen aufwartet und maßgeblich für unseren geschäftlichen Erfolg verantwortlich ist.

Michaela

Schon während meiner Kindheit schnappte ich mir heimlich aus dem Kramerladen meiner Eltern die Zeitschriften, die mir alles über die Gesundheit und Entwicklung des Menschen näherbrachten. So war für mich lange Zeit klar, dass ich nach meinem Abitur 1987 auch etwas in dieser Richtung studieren würde. Aber am Ende waren da zu viele Hürden, so dass ich diesen Traum einfach nicht direkt realisieren konnte.

Ich absolvierte also eine Ausbildung in der Werbebranche und ließ mich von deren kreativen Freiheit in den Bann ziehen. Leider zählte mein Ausbilder nicht unbedingt zu den Chefs, bei denen man gern arbeitet, und im weiteren Umkreis gab es keine anderen Arbeitgeber. So entschied ich mich, ins kalte Wasser zu springen, und machte mich unmittelbar im Anschluss an die Ausbildung mit meinem damaligen Partner selbstständig. Wir gewannen schnell Land, wuchsen durchschnittlich um 20% pro Jahr auf vier Millionen Euro Jahresumsatz mit 18 Mitarbeitern an und zählten zu den Führenden der Branche.

Für mein Umfeld schien mein Leben ein Traum zu sein. Ich wohnte im eigenen großzügigen Haus mit wunderschönem Garten, war – nach außen hin – glücklich verheiratet und hatte drei gesunde, hübsche und intelligente Kinder. Nur konnte ich das alles nicht mehr richtig wertschätzen, geschweige denn genießen.

Es war Ende 2006, als ich in jeder Hinsicht an meine Grenzen stieß. Mein Alltag war mit Aufgaben und Verpflichtungen so vollgestopft, dass es MICH gar nicht mehr gab. Ich funktionierte nur noch. Schließlich zwang mich mein schlechter gesundheitlicher Zustand zur Ruhe und Besinnung. Ich musste mir eingestehen, dass nur ich selbst mich in diese Lage gebracht hatte und auch niemand anders mich daraus befreien konnte.

Während meiner Zwangspause entdeckte ich dann meine alte Leidenschaft wieder. Ich ließ mein inneres "Rufen" an die Oberfläche kommen und erlaubte mir, trotz Unverständnis und Kopfschütteln und

Angst vor Veränderungen um mich herum, einen neuen - meinen - beruflichen Weg zu beschreiten. Ich schaufelte mir irgendwie Zeit frei und qualifizierte mich innerhalb kürzester Zeit zum Coach für berufliche Erfolgsstrategien und erlangte mehrere ergänzende Lizenzen.

In dieser Zeit stolperte ich durch eine Amazon-Rezension eines Buchs meiner Ausbilderin auf Oliver's "Alles Anders." Dadurch konnte ich meine Berufung noch mehr festigen und positionieren, und über die angeschlossene Community lernte ich ihn schließlich auch persönlich kennen. Wir erkannten schnell unsere vielen gemeinsamen Vorlieben und Visionen und begannen, über 6.000 Meilen Entfernung ein gemeinsames Projekt anzustoßen. Drei Monate später stellten wir auf einer Messe unser erstes Denkzeug, den PocketCoach 360°, vor, und ein knappes Jahr später starteten wir im gemeinsamen Büro unser neues Business. 2011 gründeten wir unsere heutige Firma Chiemsee Denkzeuge® und können seitdem beide in dieser wundervollen Konstellation unsere Berufung leben und unseren innersten Antrieben nachgehen.

Literaturverzeichnis

Deutsche Titel

Bolles, Richard Nelson: Durchstarten zum Traumjob. Das Handbuch für Ein-, Um- und Aufsteiger. Campus, Frankfurt / Main 2002

Bridges, William: Survival Guide für die neue Arbeitswelt. So vermarkten Sie Ihre Fähigkeiten erfolgreich. Campus, Frankfurt / Main 1998

Byron Katie Mitchell: Ich liebe, was ist, Arkana München in der Penguin Random House Verlagsgruppe GmbH, 2017

Csíkszentmihályi, Mihály: Flow: Das Geheimnis des Glücks. Klett-Cotta, Stuttgart 2002

Duhigg, Charles: Die Macht der Gewohnheit. Warum wir tun, was wir tun. Berlin Verlag, Berlin 2012

Frankl, Viktor E.: Der Mensch vor der Frage nach dem Sinn. Eine Auswahl aus dem Gesamtwerk. Piper, München 1985

Friedrich, Kerstin, Malik, Fredmund, Seiwert, Lothar: Das große 1x1 der Erfolgsstrategie, EKS®-Erfolg durch Spezialisierung. GABAL, Offenbach 2002

Fritsch, Oliver, Lang, Michaela: Das Anti Burnout Buch. mvg, München 2012

Fritsch, Oliver, Lang, Michaela: KraftBoxx®, Denkzeuge GmbH, 2012

Fromm, Erich: Haben oder Sein. Die seelischen Grundlagen einer neuen Gesellschaft. DTV, München 1988

Houston, Jean: Begeisterung für das Mögliche. Entdecken Sie Ihr inneres Potential. Econ, München 1999

Janov, Arthur: Der Urschrei. Ein neuer Weg der Psycho
therapie. S. Fischer, Frankfurt / Main 1982

Jeffers, Susan: Selbstvertrauen gewinnen. Die Angst vor der Angst verlieren. Kösel, München 2003

Lang, Michaela, Fritsch, Oliver: Was treibt Sie an? Chiemsee Denkzeuge, 2013

Maurya, Ash: Running Lean - Das How-to für erfolgreiche Innovationen. O'Reilly, Köln 2013

Seligman, Martin: Pessimisten küsst man nicht. Optimis
mus kann man lernen. Droemer Knaur, München 2001

Watzlawick, Paul: Wie wirklich ist die Wirklichkeit? Wahn, Täuschung, Verstehen. Piper, München 1995

Englische Titel

Bandura, Albert: Self-Efficacy: The Exercise of Control. Freeman, New York 1997

Dominguez, Joe / Robin, Vicki: Your Money or Your Life. Penguin, New York 1999

Fritsch, Oliver: Oliver Fritsch's VocationLab: Find your
Purpose in Life: A Self-guided Workshop

Jamison, Kaleel: Nibble Theory and the Kernel of Power. Paulist, New York

1987

Myers, David G.: Pursuit of Happiness. HarperCollins, New York 1993

Palmer, Parker J.: Let Your Life Speak: Listening for the Voice of Vocation Self-Empowerment and Personal Growth There. Wiley, NewYork 1999

Tice, Lou: Smart Talk for Achieving Your Potential: 5 Steps to Get You from Here to Workshop. Executive Excellence Publishing 2003

Butler, Timothy, Waldroop, James: Job Sculpting: The Art of Retaining Your Best People, in: Harvard Business Review, 2000

Myers-Briggs Type Indicator, Introduction to Type® and Communication, http://www.cpp-db.com National Institute of Mental Health, Depression Fact Sheet, http://www.nimh.nih.gov/publicat/depresfact.cfm

National Institute of Mental Health, Depression and Cancer Fact Sheet, http://www.nimh.nih.gov/publicat/depcancer.cfm

The Anthropological and Psychological Foundations of PRH Education, Personalite et Relations Humaines international: Persons and their Growth. Poitiers France: 1997

Über die Autoren

© 2014 Werner Ritter

Oliver Fritsch (geb. 1962) Dipl. Betriebswirt (HS), B.A. European Business Administration (Hons.), studierte Europäische Betriebswirtschaft an der Universität Reutlingen und der Middlesex University in London und arbeitete über 20 Jahre in sieben verschiedenen Ländern, 12 Jahre davon als Produkt und Marketingmanager für Hewlett Packard in Italien und den USA. Firmen wie Aventis, Nestle, zanox und Weyerhaeuser zählen zu seinen Kunden. Sein 2008 veröffentlichtes Buch „9 Steps to Market Success" für amerikanische Mittelstandskunden fand über 100.000 Leser in 6 Monaten. 2003 erschien im mvg Verlag sein Buch „Alles Anders, 15 Fragen, die Ihr Leben verändern". Mehr als 10.000 Menschen hat er damit geholfen, ihre Berufung zu finden. 2010 gründete er mit Michaela Lang die Denkzeuge® GmbH und entwickelte mit ihr das erste Denkzeuge® - den PocketCoach 360°, ein Produkt zur Potentialentwicklung und Mitarbeiteraktivierung. 2014 erschien die gemeinsam mit Michaela Lang komplett überarbeitete Neuausgabe seines Buchs „Alles anders", das heute unter diesem Titel auf dem Markt ist.

Michaela Lang (geb.1968) ist Gründerin der werbemax GmbH (gegr. 1991) und der Denkzeuge GmbH (gegr. 2011). Die Autorin und Unternehmerin qualifizierte sich 2009 zum Life-Coach und zum Coach für berufliche Erfolgsstrategien, und erhielt das Zertifikat zum REISS Profile Master und die Lizenz zum LIFO®-Analyst. Nach einer Zusatzausbildung "Work-Life-Balance" steckte die Mutter von drei Kindern all ihre Erfahrungen in ihr zweites Unternehmen, Denkzeuge GmbH, das sie gemeinsam mit Oliver Fritsch gründete. Ihre bekanntesten und erfolgreichsten Tools sind die "KraftBoxx® für weniger Stress und mehr Energie", der "PocketCoach® 360°", die Innere-Motiv-Analyse "Was treibt Sie an?" sowie die beiden Bücher "Das Anti-Burnout-Buch" und die Erstauflage dieses Buches, das zuletzt unter dem Titel "Alles anders - Erkennen Sie Ihre wahre Berufung und werden Sie glücklich" lief. Sie lebt und arbeitet gemeinsam mit Oliver Fritsch im Schwarzwald und in Spanien. 2016 wurde sie von FOCUS und XING zum Top Coach 2016 gekürt.

Falls dir das Buch gefallen hat, freuen wir uns über deine Rezension. Und wenn du uns gerne persönlich Feedback geben willst oder Fragen hast, schreib uns einfach an:

Kontakt: info@denkzeuge.com
Webseite: denkzeuge.com

Mehr Denkzeuge®

Mehr über uns und unsere Produkte findest du auf den nächsten Seiten oder auf der folgenden Webseite - unter anderem auch das kostenlose Workbook zum Buch als Download - speziell für dich als LeserIn, damit du deine schriftlichen Aufzeichnungen nicht ins Buch schreiben musst:
https://denkzeuge.com/buch-bonus-paket-aa/

Innere-Motiv-Analyse IMA©

Individuelles Persönlichkeitsprofil erstellen

✓ Antwort erhalten auf: Wer bin ich? Was treibt mich an? Was bremst mich aus?

✓ Verständnis für sich selbst & andere erhalten & belastende Konflikte vermeiden

✓ Antriebskräfte gezielt aktivieren, um ohne Umweg Ziele zu erreichen

PocketCoach® Business

Unternehmenserfolg strategisch optimieren

✓ Klare Geschäftsvision & Unternehmensstrategie entwickeln

✓ Mit ausgewogener Work-Life-Balance Unternehmensziele erreichen

✓ Kosten & Zeit sparen mit effektiven Tools, Analysen & Erfolgsstrategie

ProCoach

Effektiv Coachen & Teams entwickeln

- ✓ Smart & simple Vertrauen von Coachees & Teammitgliedern gewinnen
- ✓ In Minutenschnelle Bedürfnisse & Potenziale punktgenau verstehen
- ✓ Ressourcen erkennen, aktivieren & motiviert ohne Umwege zum Ziel führen

PocketCoach® App

Persönliche Zufriedenheit steigern

- ✓ praxiserprobte „Feelgood" Coachingübungen nutzen
- ✓ Spielerisch reflektiert mehr Positivität und Achtsamkeit im Leben gewinnen
- ✓ Innere Ruhe, Leichtigkeit & Selbstvertrauen aufbauen

www.ingramcontent.com/pod-product-compliance
Lightning Source LLC
Chambersburg PA
CBHW071022240526
45469CB00006BD/2038